시간의 소쿠리

백승희 에세이

시간의 소쿠리

교음사

작가의 말

내 근원의 빛을 켜는 시간

소음이 데시벨의 음역을 키우며 떠다니는 목공소에서
나무를 켜느라 톱밥이 날아다닌다
톱질의 소음은 은하로 건너는 고삐를 잡는다
명아주 풀을 뜯어 소꿉놀이하던 계집아이가 고개를 까딱거리며
흘러나오는 톱 연주의 판타지에 빠져든다
별을 질끈 동여맨 목수아저씨는
널빤지에 먹줄을 팽팽히 튕겨 악보를 그려 넣는다
나무의 운행을 쪼아낸 목공소에
고흐의 짙푸른 밤이 새겨진다
옹이를 지나는 대패의 발걸음은 멈칫거리고
벌레들이 벗어둔 시간의 허물을 토해낸다
톱이 잘라낸 악보들, 조롱박이 걸린 터널에 박자들이 흔들린다
대패의 속살에서 숲이 무너진다.
짐승들이 달아난다 사파리 안으로 달리는 기린 얼룩말떼들이
힘찬 발길질을 하며 붉은 별을 캔다
소리의 조각들을 톡톡 털어내고
사파리의 야생을 잠그자 텅 빈 숲에 별들이 내려앉는다
악보들이 일회용 광고지처럼 떠다니는 목공소에
시간을 털어내던 바람이 별자리를 짚으며 일어선다

내 근원은 빛을 켜는 시간으로부터 진화했다.
날 것의 생을 익혀 온 부엌에서, 시간의 언어가 꽃이 되었다.
별을 캐며 부리가 다 부서져 버릴 것처럼, 속살을 켜면 아름다운 삶이 보일 줄 알았다. 그런데 서툰 대패질이다.
아름다운 무늬를 찾는 동안 시간은 내게 말의 무늬를 놓아주었다.

소음도 때론 그리움의 고삐를 잡는다.
향기를 켜는 목공소의 톱 연주가 마음으로 들어왔다.
톡톡 털어내는 지저깨비에서 별빛을 보았다.
가본 적 없는 야생의 숲에도 향기를 따라가면 거기에 붉은 별이 있었다.
대패가 밀어내는 허물이 쌓여 글을 지었다. 별이 뜨는 이유였다.

2018년 11월 초겨울 어느날
백 승 희

차례

2. 마당에 불 밝히고

3 . 기억을 인화하다

4. 겨울바다에서

1장

꽃이 되는 시간

고비 사막에서

어머니가 응급실에 실려 오셨다. 체온계를 빼는데 열에 들뜬 숨소리가 사막의 모래를 불러왔다. 어머니는 사막을 건너고 있는 낙타다. 힘겹게 고비 사막을 건너고 있다. 모래바람은 사정없이 온몸을 흔들고, 넘어야 할 언덕은 아직 멀기만 하다. 조금만… 조금만 더 힘을 내야 해….

바람이 발자국을 옮기는 사막의 시간은 견딤의 연속이다. 그 길을 횡단하는 동안 낙타는 첫배에 낳아 졸랑거리던 새끼를 잃었다. 하지만 주저앉을 수 없다. 소리 내어 울 수도 없다. 남은 새끼들이 있고, 멀고 먼 거친 사막을 건너야 한다. 마침내 시간은 사막의 끝을 보여주었다. 지친 걸음도 이제 쉴 수 있게 되었다. 남은 새끼들과 이탈하지 않고 꿋꿋하게 바람의 길을 지나온 것이다.

어미는 사막의 열기를 온몸으로 버텨내느라 상처투성이다. 견딤의 흔적, 발바닥의 굳은살쯤은 아무것도 아니다. 귀에 바람 소리가 들리지 않아도, 몸뚱이에서 쓸 만한 것이 없어도 괜찮다. 그래도 괜찮다. 새끼들이 곁에 있으니….

낙타는 다시 고비 사막에서 싸우고 있다. 패혈증이다. 좀처럼 수그러들지 않는 고열. 꿈속에서 잃어버린 새끼를 찾아 헤매는 것 같다. 거친 모래폭풍의 한 가운데서 잃어버린 내 새끼. 큰 소리로 부르고 있나 보다. 두 손이 허공을 젓는다. 가슴 언저리에서 떠나보내지 못했던 새끼의 이름을 부르고 있다. 아, 어디 있니…. 서서히 숨결이 잦아들고 있다. 사막에서 놓친 새끼를 만났는지, 이제는 절대 손을 놓지 않겠다고 다짐하고 있나 보다.

낙타의 의지는 고열을 밀어내기 시작했다. 간신히 눈을 떴다. 사흘 밤낮을 끊어질 듯 가쁜 숨소리를 내려놓지 않더니 발밑에서 흔들어대는 새끼들의 간절함을 알았나 보다. 링거에서 한 방울씩 사막에 깃들었던 물소리를 펴 올린다. 가늠되지 않는 속도지만 물방울을 나르는 동안 고열의 심지가 꺾인 것이다. 낙타의 숨소리가 순해지고 있다. 무릎을 세우고 다시 새끼들과 길을 나설 생각을 하고 있겠지.

순간에 맞닥뜨리는 모래폭풍, 어머니의 몸이 사막화가 되어가는 것을 미처 알지 못했다. 혼자 고비 사막을 넘으며 견뎌내는 것을 그저 지켜보았을 뿐. 후회와 안쓰러움으로 마음 졸이며 불효를 뼈저리게 느낀다.

별을 지고 모래폭풍을 견디며 앞만 보고 넘어가는 길, 그 고비를 함께 건너는 중이다.

어머니에게 시 한 편 올린다.

태훍을 풀어 수비질*로 공을 들인다 연잎에 긋는 빗소리, 오후의 평수를 잘라내며 온힘을 쏟지. 연꽃향기가 허공을 치댄다 개펄의 시간을 물레에 얹자 탯줄을 가르는 갯내음. 불꽃에 붙박이며 가마 쪽 일에 귀를 연다 애벌그릇 뜨겁게 끌어안을 때 화려한 꿈을 담으려던 너는 초번의 불꽃을 읽어내지 못했고 불완전한 숨결에 금이 갔다 담아야 할 자리를 잃어 무엇이 되지 못한 조각들을 내려다본다 몇 번의 불질에 몸을 맡겨야 너를 안을 수 있을까. 애벌의 살갗에 견뎌내는 사랑을 유약으로 바른다 덧난 상처를 안으로 삼켜 마침불꽃으로 단단해진 너를 확인했다 가마를 털자, 불새는 검붉은 문장을 지우며 날아간다. 불새가 날아간 자리, 연꽃무늬만 남았다 아가미로 호흡하던 기억은 잊은 채, 한 때는 차 우림 그릇이거나 술잔이거나 파도를 담은 너, 서해라고 부른다.

-〈불새가 그린〉 전문

수비질* 그릇을 만드는 흙을 물속에 넣고 휘저어 잡물을 없애는 일

묵화墨畵를 읽으며

물 먹는 소 목덜미에 / 할머니 손이 얹혀졌다.

이 하루도 / 함께 지났다고,

서로 발잔등이 부었다고, / 서로 적막하다고,

김종삼의 「묵화墨畵」를 읽을 때면, 오래전 돌아가신 시어머님을 떠올린다. 그 그리움은 가슴에 조용히 스며드는 가랑비였다가 천둥소리를 몰고 오는 소낙비가 된다.

딸 부잣집이었던 시댁. 시아버님은 여섯 번째 딸이 서운했는지 아들을 낳을 거라는 속설 때문이었는지 이름을 서운瑞雲이라 지었다. 여섯째 시누이는 말귀 알아들을 나이가 되자 친구들에게 놀림을 받았다고 간혹 울먹였다. 그때마다 뜻이 좋은 이름이라고 달래면서도 그 이름 덕택에 아들을 둘이나 얻었다는 생각에 당신은 슬며시 웃음이 나더라고 하셨다.

첫새벽, 시어머님이 문밖 샘에서 쇠죽을 쑤기 위해 물을 길어 오신다.

양동이에는 겨우내 얼음이 조롱조롱 매달려 있다. 무쇠솥에서 구수한 여물 냄새가 나고, 고무신을 잘잘 끄는 기척이 방안 식구들을 깨운다. 솔가지 꺾이는 소리가 마루를 건너 윗방으로 전해져온다. 시어머님이 한차례 군불을 넣으신 거다. 등이 따끈해져 일어나기 싫지만, 마당을 쓰레질하는 소리에 더 누워 있을 수가 없다.

시어머님은 머슴처럼 일했다. 언제나 치마가 깡충하게 되도록 허리끈을 조였다. 땅과의 인연을 따라 논두렁길로 나섰는가 하면 손에서 떠나지 않는 호미를 들고 밭에 앉는 날이 많았다. 들밥을 이고 시어머님을 따라 나선 적이 있다. 갓 지은 밥을 함지박에 담았다. 똬리를 함지박 밑에 대었건만 머리가 뜨거웠다. 비틀거리며 함지박을 엎을 것만 같았다. 찬이 담긴 광주리와 막걸리 주전자를 들고 가뿐하게 나서는 잰걸음을 나는 간신히 뒤따라갔다.

깔끔한 성정에도 흰 고무신에 물든 흙물은 빠질 날이 없었다. 고추밭이건 콩밭이건 몸에 밴 부지런함으로 늘 말끔하게 만드셨다. 땅은 거짓말을 하지 않는다는 믿음을 갖고 뿌린 대로 가꾼 대로 거뒀다. 그 시절 자식을 대학에 보내려면 땅을 팔아야 등록금을 마련할 수 있다고 했다. 그러나 같은 시기에 아들 둘을 대학에 보냈어도 밭 한 뙈기 판 적이 없으셨다니, 그 삶이 얼마나 고단하셨을까 짐작이 된다.

시아버님이 손수 만드신 장롱에 혼숫감이 찼다 싶으면 딸 하나를 시집보내고, 여섯 딸을 하나둘 여의다 보니 껍질만 남은 우렁이처럼 허전하더라고, 시어머님은 잠깐씩 우리 집에 머무실 때마다 이야기 하셨다.

오랫동안 시댁은 '시골 한약방'을 했다. 나를 약국집 둘째 며느리라고 동네 어르신들이 말씀하실 때, 그 말뜻을 잘 몰랐는데 내가 결혼하기 전에 시아버님이 하시던 일이었다. 그 때문에 시어머님은 농사일은 물론이고 약방에 손님이 들면 새벽에 달려온 마음을 헤아려 가마솥에 따뜻한 밥을 지어 대접하셨다. 그뿐 아니라 명절에 종가 친척들이 모이면 손에 물 마를 날이 없었다. 종부로서 아홉 번의 제사도 벅찬 일이었다. 제사를 마친 후 이웃에 제삿밥을 돌리고 뒷일을 정리하다 보면 수탉이 울었고, 눈도 붙여보지 못했는데 쇠죽 쑤는 시간은 성큼 다가왔다고 하셨다. 고향을 떠난 당숙네 식구들, 조카들이 성묘 왔다가 그냥 돌아서기라도 하면 마중물처럼 달려 나가 불러들였다. 텃밭에서 방금 뽑아 버무려 놓은 열무김치가 생각나는 친척들, 늘 그들은 시어머님의 따뜻한 마음에 고향을 다시 찾았다. 익을수록 깊은 맛이 우러나는 장맛처럼 어머님은 그렇게 사셨다.

시댁에 가면 뱀처럼 구불거리던 길도 농지구획 정리로 반듯한 모양새가 되었다. 땀 한 번 흘리고 나서 헛헛하게 웃으시던 어머님 모습이 들길을 따라 바람처럼 손짓하는 것 같다. 언제나 시원한 물을 쏟아내던 수동 펌프도 이제 그곳에는 없다. 무명실로 듬성듬성 꿰매 쓰던 바가지도 사라졌지만, 아직은 고향을 지키고 계신 형님 덕택에 마당에 들어서면 종가의 따뜻한 기운을 느낄 수 있다.

시어머님은 여섯 달을 앓고 가셨다. 여름 끝 시골밤은 이불을 덮어도 선득하다. 그런데도 환자 있는 집에 냄새가 날까 싶으셨던지 안방 문을 앞

뒤로 열어두어 바람의 길을 터놓게 하셨다. 뒤꼍의 감나무 잎을 쓸어내고 장독대를 반지르르하게 닦으시던 혼자만의 사연들을 줄줄이 되새김하는지, 휘휘 두리번거리시던 눈길이 아련하다.

이승에서 보낸 마지막 사나흘, 어미 소와 눈 뜬 지 얼마 안 된 송아지를 걱정하셨다. 병석에 누워 있어도 그 눈은 늘 외양간의 소 발잔등을 쓰다듬는 것 같았다. 당신 손길이 닿던 송아지도 그 길을 알았는지 큰 눈에 눈물이 흘렀다.

마지막 가시던 날에는 시어머님 발잔등이 부어 있었다.

꽃이 되는 시간

이른 봄 대청소를 시작했다. 집안 곳곳을 털어내고, 다용도실 선반을 정리하려던 참이었다. 이곳저곳 물건을 치우는데, 저만치 구석에서 신문지에 둘둘 말아 놓은 것이 보였다. 뭘까 궁금해하며 풀어보았더니 작년에 보관했던 달리아 알뿌리다. 바람이 아직 차지만 반가운 마음으로 화분에 심어 베란다 귀퉁이에 놓아두었다.

매일 관찰일기를 채우듯 달리아를 지켜보았다. 웃자란 줄기는 장독대에 그늘만 키우고 생기가 없어 들여다보니 진딧물이 끼고 잎이 비틀려 있다. 꽃을 보겠다는 생각만 했지 손길이 필요했던 것인데…. 약을 치고 창문을 열었다. 햇빛과 바람이 드나들기가 좋아졌다. 줄기에 지탱 할 수 있는 힘이 생기자 이파리가 다시 무성해졌다.

연일 내리던 비가 그쳤다. 베란다에 눈길이 갔다. 아들이 입대하여 바뀐 환경에 적응하는 동안 내 마음속에 심었던 기다림처럼, 달리아가 빨간 꽃송이를 열었다.

가평으로 나선길이었다. 내친김에 아들에게 가보자는 말에 남편도 동의했다. 강원도 인제로 접어들어 휴게소에서 늦은 점심을 먹었다. 꽃밭의 시든 꽃을 뽑아내며 갈무리하던 아주머니와 눈이 마주쳤다. 알뿌리를 들고 환하게 웃는다.

"꽃 좋아하세요. 빨간 꽃이 탐스럽게 피는 달리아예요."

얼결에 받고 보니 왠지 좋은 일이 생길 것 같아 발걸음이 가벼워졌다.

아들이 자대배치를 받고 얼마 안 되지만 혹시나 하고 면회를 신청했다. 마침 연병장에서 훈련 중이라고 기다리라는 전갈이다. 면회소를 둘러보았다. 집으로 전화를 걸었을, 전화부스가 보인다. 제 차례를 기다렸다가 잠깐 안부를 묻고 전화를 끊곤 했겠지. 겨우 삼십여 분을 기다렸을 뿐인데 시간은 더디게 간다.

아들의 입대가 코앞에 다가왔을 무렵, 남편은 갑자기 장 파열로 대수술을 했다. 아들에게 신경 쓸 여유가 없었다. 훈련소로 가는 날은 그가 퇴원한 지 닷새째가 되는 날이었다. 그런데 눈바람 속에 훈련소까지 아들을 전송하겠다고 고집했다. 함께 눈발 날리는 논산 훈련소로 향했다. 다시 살아난 그가 아들을 보내는 마음이 서글퍼 보였다. 전날 짧게 깎은 아들의 머리는 낯설고 찬바람에 썰렁해 보였다. 아들을 끌다시피 하고 사람들로 북적거리는 식당 한편에 앉았다. 아버지의 야윈 모습에 눈물을 닦던 아들, 좋아하던 갈비탕을 먹는 둥 마는 둥 하다 수저를 내려놓는다. 차량 정리를 하는 호루라기 소리와 소집방송이 점점 가까이 들려왔다.

"잘 다녀오겠습니다."

“그래, 건강 조심해”

내 목소리는 아들 곁에 닿지 못하는 듯했다. 소집 장소로 뛰어가는 아들 뒤로 눈발이 바람에 부산스레 흩어지고 있었다.

“어머님, 아버님.”

우리를 부르며 아들이 면회소로 들어선다. 훈련소에서 집으로 보내온 옷은 허물을 벗어 놓은 것 같았는데, 안에서 갈아입고 온 풀빛 군복이 제 옷인 양 단정하다. 긴장된 말씨, 검게 탄 얼굴, 아들을 와락 껴안지는 못했다. 가슴이 먹먹해서다. 어느결에 거친 남자의 손이 내 손을 감싼다. 눈물이 핑 돈다. 헤어질 시간이 가까워질수록 괜한 걸음으로 아들의 마음만 어수선하게 한 것 같아 편치 않았다.

아들의 군 생활 중에 기억에 남는 일이 하나 있다. 그 부대에서 해마다 크리스마스 즈음, 부모님을 강사로 모시고 대화의 장을 연다고 했다. 남편이 강사로 초청되었다. 오래전 남편은 전방에서 ROTC 장교로 소대장을 했다. 그때를 회상하며 무척 들떠 있었다. 두 시간 강의를 위해 밤을 새워 교안을 완성했다. 그리고 강원도를 향해 볼이 시린 채 새벽을 뚫고 달렸다.

검게 그을린 장병들이 기립 박수로 우리를 맞았다. 남편은 극기와 단결을 강조하고 군대에 있는 시간이 사회로 나가기 위한 준비라며 이야기를 풀어갔다.

“자기와의 싸움에서 이기는 사람이 진정 용기 있는 사람입니다.”

남에게 단호하고 자기에게 관대하다 보면 자기를 이겨내는 일이 생각처럼 쉽지 않은 것 같다. 작은 허점이 큰일을 망치게 된다. 나사를 조이듯 현재의 자신을 점검해라, 타이타닉 대형선박 침몰도 알고 보면 불량 리벳(철판의 연결 못) 때문이다. 군대에서 보낸 시간은 허술하면 안 되는 삶의 연결 리벳이라고. 한 송이 붉은 꽃이 되려는 마음가짐을 부탁했다,

남편은 자신의 경험을 덧붙이기도 했다. 벙커 공사로 사병들과 냇가의 조약돌을 일일이 주워가며 단결하던 때를 회상했다. 가장 힘들고 가장 소중한 시간이 군대 생활이란다. 그러니 군대 얘기를 꺼내면 밤을 새워도 미련이 남는가 보다. 군 생활에서 사회로 돌아갔을 때 틈이 생기지 않도록 틈틈이 책을 읽고 준비를 해야 한다며 강의를 마쳤다. 전방을 향해 새벽부터 달려왔던 노곤함을 잊을 만큼 큰 박수 소리에 감동이 인다.

내무실로 안내받으니 아들의 침상 위에 붙여 놓은 가족사진이 눈에 띄었다. 날마다 무언의 대화로 위안이 되었겠지. 아들의 침상을 손길로 쓰다듬으며 복무 마칠 때까지 잘 견디라고 기도했다. 남편 강의 덕택에 아들과 꿈같은 하룻밤을 지냈다.

맥아더 장군의 아들을 위한 기도처럼 남편도 하루의 일과 중에 아들을 위한 기도가 절실하다. 아들에게 세상을 박차고 나서는 용기와 정열로 한 송이 탐진 꽃이 되길 빈다.

고통의 터널

3월의 바람에 아직 쌀쌀함이 남아 있다. 남편과 함께 제부도에 도착하고 보니 마지막 물때의 통과시간이다. 밤늦은 시각에야 돌아갈 수 있다는 말을 귓가로 흘리고 제부도의 다리를 건넜다. 차창을 여니 비릿한 바다 냄새가 가슴으로 밀려온다.

처음 우리가 순주네 가게에 왔을 때 순주 할머니는 남편을 보며 어디 아픈 것 같다고 걱정스러운 듯 물었다. 병원에서 수술한 지 얼마 안 되었다고 말하자, 순주 할아버지도 몇 해 전 위 수술로 고생했다면서 정성껏 새우를 구워 주셨다. 넉넉한 인심 때문일까. 그날 남편은 입맛이 돈다면서 맛있게 식사를 했다. 마크 빅터 한센이 쓴 『영혼을 위한 닭고기 수프』 글에서, 손자는 심신이 아프고 힘들 때마다 할머니께서 여러 가지 재료를 넣어 푹 끓여준 수프를 먹고 나면 몸과 마음이 씻은 듯이 치유되었다고 했다. 순주 할머니의 따뜻한 마음에서도 그처럼 사랑의 수프 맛을 느꼈다.

악몽이었다. 여러 해 전의 기억이 되살아난다. 남편은 스무 해 가까이 다니던 회사를 퇴직했다. 궁리 끝에 소규모 자영업에 두 번째 인생을 걸었다. 석 달이 채 안 되어 평소 식사를 잘하던 그가 입맛이 없다고 했다. 체중도 급격히 줄어들었다. 걱정스러워 병원에 가보자고 했으나 새로 시작한 일 때문이라며 대수롭지 않게 여겼다. 나는 묻지도 않고 병원 예약을 했다. 혹시 간에 이상이 생겼거나 진행속도가 빠르다는 췌장암이 아닐까 하는 생각에 미치자 더욱 불안해졌다.

이튿날 개인 병원에 가서 X선 사진과 초음파 검진을 했다. 사진을 들여다본 의사는 아주 난처한 듯, 환자에게 알려줘도 되느냐고 묻더니 최대한 빨리 C.T 사진을 찍어보라고 했다. 나는 의사의 얼굴만 망연히 바라보았다. 눈물이 볼을 타고 흘러내렸다.

"나, 안 죽어. 바보같이 울기는"

오히려 남편은 담담했다. 어떻게 병원 계단을 내려왔는지 모른다. 슬픈 아침에도 햇살은 눈이 부셨다. 아이들은 고 2, 중 3이었고 나는 홀로 설 수 없는 철부지였다. 지인의 호의로 다음날 들어오라는 병원이 있었다. C.T 결과는 참담했다. 나는 검사 자료를 전부 받아서 위암에 권위가 있다는 다른 병원을 찾아갔다. 진단결과는 '위암 3기 말' 오래지 않아 수술 날짜가 잡혔다. 수술이 진행되던 일곱 시간은 짙은 안개 속에서 길을 헤매는 심정이었다. 수련의가 보자기에 싸인 암 덩어리를 보여주었다. 의외로 크기가 컸다. 저절로 몸서리가 쳐졌다.

남편의 투병을 지켜보는 것이 고통이었다. 세 번째 항암 치료 시기가 되자 내 손이 필요 없다면서 혼자 병원에 갔다. 아이들과 나에 대한 배려임을 잘 알면서도 도움이 안 되어 스스로 질책했다. 여섯 번의 항암 치료가 끝나자, 남편의 얼굴은 까맣게 타들어갔고 체중은 본래보다 15㎏이나 감소하였다.

병원에 있으면 모두 암에 일가견이 있는 박사가 된다. 병상을 지키며 잔뜩 긴장하고 있는 우리에게 암에 좋다고 하는 비싼 약들을 권했다. 남편은 그들에게 눈길도 주지 않았다. 그게 마음 한구석에서 납덩어리처럼 무거웠다. 식단은 된장 위주 음식과 조미료를 쓰지 않은 자연식을 준비했다. 그는 생계가 달린 회사 일과 매일 규칙적인 운동을 병행하며 암과 싸웠다. 자가용도 없이 지하철을 두 번씩 갈아타고 출근을 하던 때라서 안쓰럽기 그지없었다. 길을 나서면 어김없이 남편을 이십 년이나 더 많은 나이로 보았다. 아마도 신체나이는 그렇게 보였을 것이다.

어지간해선 병원을 찾지 않는 그다. 고통을 견디다 또 한 번의 우매함을 저질렀다. 수술 후에도 여러 번 장에 가스가 차거나, 장 유착 증세가 있었다. 한 달여를 병원에서 고생하다가 우연히 한의사의 처방으로 장이 원래대로 돌아왔다. 신기한 명약이었다. 그 날도 유사증상으로 불편해진 그는 평소와 마찬가지로 상비약을 먹었으나 웬일인지 차도가 없었다. 한의사에게 전화를 걸었다. 그는 약을 더 쓰라는 처방을 했다. 하루가 지났는데도 남편의 고통은 더욱 심해질 뿐이었다.

이틀 후 새벽, 통증으로 뒹구는 그가 꼭 죽을 것만 같았다. 허겁지겁 병원으로 달려갔다. 소장 파열이었다. 우리는 남편이 장기를 많이 떼어낸

환자라서 수술했던 병원에 가야 했다. 하지만 그 병원은 남편을 받아줄 상황이 아니었다. 응급실은 초만원이었고 그때 집도했던 의사는 수일 내에 외국 학술회의에 참석하기로 되어있었다. 물론 그 병원에서는 다른 병원을 권했다. 우리는 막무가내었다. 끝내 우리를 저버리지 않은 L 박사님이 승낙했다. 곧바로 수술이 진행되었다.

수술실에 들여보내고 한숨 돌렸을까. 수련의의 호출이 있었다. 개복하고 보니 패혈증과 장 유착이 너무 심해서 수술 중에 죽을지도 모른다며 종이 한 장을 내밀었다

"사인하세요, 우리도 최선을 다하겠지만, 하느님께 의지할 수밖에 없어요. 살 수 있는 확률은 십 퍼센트도 안 되니까요."

내 미련함이 남편을 죽게 하는구나. 나는 고개를 떨군 채 말없이 서명했다.

바닷바람 속에 소금기가 묻어온다. 오늘도 푸짐한 조개구이를 순주 할머니 손끝에서 맛보았다. 어느덧 번개탄 불도 재우고 자리 정리를 하던 할머니가 집으로 이끌었다. 위장에 좋다며 삭힌 소라 젓갈을 주시고 차도 한 잔 권했다. 작별을 나누고 우리는 해수욕장으로 향했다. 때마침 썰물이 건너편으로 길을 열었다.

노인 부부와 어린 손자가 작은 폭죽을 들고 바다를 향해 앉아 있었다. 불꽃이 하늘을 향해 쏟아져서 별이 되어 반짝였다. 그리고 어둠이 조용히 내려앉았다.

고통의 터널을 지나 밝은 빛 속으로 걸어가야지. 아픈 마음에도 생살이 돋아나길 빌어본다.

조알의 힘

일기장의 낙서들이 꿈틀거린다. 마음의 신열이 오른다. 그때마다 잠결인 듯 고향 집 마당을 밟고 서 있다.

아버지는 강을 건너 도회지로 뿌리를 옮겼다. 친척들이 자수성가한 아버지나 어머니를 만나러 오는 일이 잦았다. 늘 사람들이 북적거리는 게 좋았다. 강을 건너와 한동안 함께 살던 친척 언니도 있었다. 식솔이 늘어나자 바지랑대에 걸린 빨래가 만국기처럼 펄럭였다. 저녁 마당에 국자별이 반짝이는 여름밤, 대나무 평상과 야전 침대를 무대로 아이들의 노래마당이 열린다. P언니는 지방 순회공연을 하던 아저씨의 끼를 닮아 '추풍령고개'를 구성지게 불렀다. 그때였는지도 모른다. 그 언니가 햇솜처럼 부푼 꿈을 키웠던 것이. 지금은 시간이 훌쩍 지나 뮤지컬배우로 동화구연가로 꿈을 펼치고 있다.

초등학교를 마칠 때까지 우리 집 마당에 참새처럼 앉았다 날아간 친구들이 여럿이다. 가끔 그 마당에 묻어 둔 이야기가 날개를 단다. 마당에 둘러앉아 공깃돌을 보석인 양 끌어 담으며 친구들과 흙 속에서 놀았던 일, 텃밭 푸성귀나 꽃을 꺾어 우물가에 늘어놓았던 소꿉놀이도 기억에 오래 남는다.

칠석날 즈음이면 울안에 있던 우물을 청소했다. 우물을 퍼 올리다 물이 발목에 잠길 만큼 남았을 때 집안일을 해주는 아저씨가 사다리를 타고 우물 안으로 내려간다. 그리고는 마음의 찌꺼기를 건지듯 우물 속 찌꺼기를 건져 올린다. 초저녁쯤 되면 우물은 바닥을 드러낸다. 그 속에 산다던 이무기는 끝내 보이지 않았다. 붉은 바닥에서 굵은 모래를 밀어내며 맑은 물이 솟아오른다. 물이 차오르자 이무기의 집처럼 우물 속은 다시 캄캄해졌다.

우물 속에 두레박을 툭 던지면 찰박 소리가 난다. 두레박을 흔들어 눕혀 물이 들어가면 힘껏 잡아당긴다. 우물을 통과하는 동안 두레박은 샘 안에 부딪히며 물방울을 덜어낸다. 상처투성이의 몸으로 온종일 퍼 올린 물은 한 방울도 남지 않을 것 같은데 아침이면 그만큼 또 채워져 찰랑거렸다. 그렇게 채우고 비워가는 일의 의미를 어렴풋이 알게 될 때쯤 마당 좁은 집으로 이사를 했다. 중학교에 입학할 무렵이다.

저절로 한 시절에 빗장이 걸렸다. 책상에 촛불을 켜는 날이 많아졌다. 손에 넣은 책 속의 오솔길을 호젓하게 걸으며 비밀처럼 안타까운 사연들에 가슴이 타들어 갔다. 파초 잎에 빗방울 듣는 소리를 가늠하고, 막연히 대한해협을 건너고 싶어졌다. 언덕에 서면 폭풍을 견뎌낼 것 같은 젊음을 느꼈고 초원의 빛이 사그라지는 눈물을 보았다. 상상은 늘 나를 충동질

했다. 하늘과 땅이 하나가 되어 눈보라를 일으키던 밤, 걸음마를 떼듯 배운 프랑스 시 "미라보다리"를 슬픔인 듯 삼켰다. 꽁꽁 언 손을 친구와 맞잡고 그 계절을 건넜다.

세월이 지나가는 바람 소리를 듣는다. 저 너머를 기대하며 어른이 되는 것은 내 것을 놓아버리고 새 울타리 안으로 들어서는 길이였다. 아이들이 훌쩍 커버려 잔손질이 없어지자 가슴에서 바람 소리가 들렸다. 바람의 사다리를 타고 울타리를 넘기로 작정했다. 반란의 징후였다. 잊혔던 것들이 열을 지어 하나둘 문고리를 흔들어댔다. 느티나무 그늘 밑을 찾아 서성거리고 글자들이 말을 만드느라 옹알이를 해댔다. 글을 읽고 그 힘으로 삶을 고쳐 세울지도 모른다고 속삭였다.

권혁진 시인은 새를 하늘로 떠오르게 하는 것이 "조알(좁쌀)의 힘"이라고 한다. 몇 알의 좁쌀을 물고 하늘로 떠오르는 원경遠景을 그리며 내 모습을 상상한다. 그것이 문학의 힘이라고 믿는다.

낯설게 보고 정겹게 다가가리라. 그 일은 고향 집 낮은 사립문을 밀고 안마당에 들어서게 하는 것이며 마당을 밟았던 인연들의 목소리를 생각하는 일, 우물을 채우고 비우던 물소리를 기억하는 일, 내 아랫목의 온기를 살피시던 할아버지의 사랑이 저만치에서 걸어오게 하는 일이다.

그리움으로 칼국수를 먹는 남자

냄비에 불길이 확 달아오른다. 멸치와 다시마를 우려낸 육수가 한차례 끓자 모시조개가 입을 오물거린다. 수평선이 바글바글 끓어 넘친다. 칼국수를 넣을 차례다. 시댁에서 얻어 온 삭힌 고추를 잘게 다지고 고춧가루를 섞어 양념장을 만든다. 칼국수가 익었으니 양념장을 한 숟가락 얹어 맛을 내본다.

칼국수는 분쟁 지역의 불씨였다. 아예 그 음식에 삼팔선을 긋고 싶었다. 칼국수를 먹고 싶다고 하면 밀가루 음식을 좋아하지 않는다고 핑계를 대곤 했다. 시어머니 손맛을 낼 수 없기 때문이다.

남편은 주말마다 테니스라켓을 들고 코트 장으로 향한다. 하지만 새벽부터 오던 빗줄기가 남편을 주저앉혔다. 점심은 뭐로 해요? 집에서 만든 칼국수가 먹고 싶은데…. 모처럼의 부탁이라 친정에서 먹었던 기억을 더듬었다. 국물을 만들고 조갯살과 반달로 썬 호박도 넣었다. 소금 간을 해서 점심상을 들여갔다. 그릇을 비우고는 수고했다는 말 대신 제맛이 안

난다고 한다. 시어머님이 끓여 주시던 맛과 비교한 것이다. 나는 면발보다 더 퉁퉁 부어 속이 상했다.

시어머니님은 한여름 점심에, 밀대로 얇게 밀은 칼국수를 한 들통씩 끓이셨다. 멸치육수에 감자와 종종 썬 김치를 넣고 국자로 휘휘 저어 푸짐하게 한 대접씩 안겼다. 많은 식구가 두레상에 앉아 고개를 맞대고 맛있게 먹는 모습을 보며 무척 흐뭇해 하셨다. 남편은 그 맛을 기대했다. 하지만 김치도 그때 담가주셨던 맛이 아니니 제맛이 날 리가 없었다.

막둥이로 일곱 살까지 어머니 품을 파고들어 젖을 먹었다는 남편이다. 팔베개하고 누우면 종일 들녘에 잃어버린 엄마를 찾은 듯 안심이 되었을 것이다. 생솔가지를 꺾어 군불을 때고 들어 온 겨울 저녁의 매캐한 냄새, 여물을 끓이며 이고 들어온 알싸한 기억을 되뇌곤 했다. 그리울 것이 많은 어린 날의 기억을 남편에게 들으면 몹시도 추웠던 농촌의 풍경이 내 가슴으로 옮겨 앉았다. 그래서인지 잊을만하면 칼국수 타령이다.

칼국수, 잘 못 끓이는데…. 싫다는 말을 흘리며 국수를 민다. 때마다 칭찬을 듣지 못하는 칼국수 얘기만 들어도 진땀이 난다. 어떤 날은 제시간을 넘겨 칼국수가 불어터지기도 하니까. 세월이 흐르면 입맛 대신 배려라는 생각 나무가 자라는가 보다. 시어머니의 손맛과 경쟁할 수는 없지만, 그 맛을 그리워하는 남편을 위해 기꺼이 주방에 들어선다. 반죽에 애교도 섞고 신바람 나게 도마에 리듬을 섞는다.

"칼국수도 맛있고, 된장찌개도 잘 끓이고."

남편의 아부에 콧소리를 내며 기분이 좋아진다. 친정엄마의 손맛을 더 듣고, 또 시어머님을 흉내 낸 지 30여 년이다. 시댁의 장맛이 씨 간장으로 이어오고 손윗동서가 쑤어 준 메주가 고향 냄새를 풍기고 있다. 마음의 경계를 허물고 남편은 내 음식 맛에, 나는 시어머니의 손맛에 다가가려 노력하며 거리를 좁혀간다.

아들의 기억에도 내 손맛이 있기나 할까. 결혼하고 어쩌다 아들이 찾아오면 어떤 음식을 먹고 싶어 할까 고민이 된다. 남편이 칼국수에서 어머니를 떠올리듯 김치찌개라도 생각날까 궁금하다.

가끔은 교외로 나가 '충청도 할머니 손칼국수' 집을 찾는다. 2인분을 주문했는데 세 사람이 먹을 만큼 푸짐하다. 부족하면 더 말하라며 함지박만한 국수 그릇을 식탁에 올려놓는다. 국숫발이 울퉁불퉁하다. 살이 통통하게 찬 바지락이 그득하다. 후한 인심에 배가 부르다.

사투리와 겉절이 김치를 곁들인 바지락 냄비 안에 껍데기만 수북하게 남는다. 칼국수를 먹으며 시어머니님을 떠올린다. 입속으로 오랜 삼팔선이 사라진다.

생일 케이크의 의미

빈손이다. 남편 생일이 지난 지 나흘째. 그 생일에 켰던 초가 아직 식탁 한쪽에 남아 있다. 초를 만지작거리며 7남매의 생일을 챙기며 분주했을 어머니의 새벽과 마주한다.

삼짇날이라는 단어가 방송을 타자 식구들이 내 생일을 알아차린다. 남편이 뭔가 아이들에게 지시한다. 엄마 오늘은 그냥 앉아 있어요. 하며 딸이 출근 전, 미역국을 끓인다고 허둥댄다. '바쁜 딸 시키지 말고 당신이 아랫집 준영 아빠처럼 하면 되겠네.' 속에 말을 삼킨다.

아랫집 준영 아빠가 아내의 생일날 일찍 일어나 밥하고 미역국을 한 솥이나 끓였다고 한다. 그런데 감격한 준영 엄마가 미역국을 먹어보니 미끌미끌하고 이상한 맛이 났다고. 다시마를 미역인 줄 알고 끓인 것이다. 준영 엄마는 한 솥이나 되는 다시마국에 며칠째 사랑을 말아먹었다며 웃었다.

남편은 이천에 가서 하얀 쌀밥을 같이 먹자고 서운한 마음을 달랬다.

아들은 양력으로 생일을 바꾸라며 백지수표를 건네듯 신용카드를 내민다. 카드를 받고 보니 뿌듯하다. 백지수표에 마음껏 숫자를 써보다가 저녁에 돌려줄 생각이다. 기특하다.

아들의 아홉 살 생일이었다. 남편의 늦은 귀가를 기다리다 아들은 잠이 들었고 생일케이크에 촛불을 켜지 못했다. 잠든 아이의 얼굴엔 눈물이 말라붙어 있었다. 안쓰러웠다.

다음 날 아침, 시효 지난 생일케이크에 촛불을 켰다. 아들은 촛불에 기원을 담은 아버지를 조금이나마 이해했는지 아빠를 바라보는 눈빛이 순해졌다. 제 누나가 폭죽을 터트리자 어제의 화는 간데없고 폭죽에서 흘러나온 색색의 테이프를 머리에 둘러보며 금세 명랑해졌다. 크림을 입 언저리에 하얗게 묻혀가며 지난밤을 사르르 녹이고 있었다. 종종 늦게 귀가하는 남편 때문에 협상이 필요했다.

'그래, 지금처럼 하는 거야.'

전날 밤에 생일케이크를 준비해 두었다가 생일 아침에 촛불을 켜는 것이다. 그러면 절대 잊고 넘어가는 일은 없으리라. 미리 준비한 생일선물도 건넨다. 생일잔치는 속성으로 끝이 나고, 서둘러 출근하는 남편도 불성실한 아빠의 딱지를 떼게 되었다. 남편 때문에 생각해 낸 묘안이 이젠 애들의 퇴근이 일정치 않고 함께 저녁을 먹는 일도 쉽지 않아서 자연스레 이어졌다.

결혼하고 첫 번째 맞는 생일이었다. 음력 삼월삼짇날이 길일이라며 시어머님이 장을 담가주려고 오셨다. 시댁 풍습으로 여자들은 환갑이 되어야만 생일을 찾는다며 손윗동서의 생일도 그냥 넘긴다고 들어서 내색하지는 않았다. 비로소 내가 시집온 게 실감 났다. 쓸쓸함이 내 마음을 잡고 온종일 놓지 않았다. 친정어머니가 끓여주던 미역국이 그리워졌다. 장을 담그며 등줄기에 땀이 나도록 바쁜 하루를 보냈다. 그렇게 담가 주신 장에는 시어머님만의 비법이 들어있으니 어떤 선물 부럽지 않다고 애써 나를 위로했다.

40일이 지나 장 항아리에서 간장의 빛깔이 거무스레하게 우러났다. 미역국이며 시래기 된장국, 콩나물무침에도 그 간장과 고추장을 넣어 부족한 음식 솜씨를 보듬어 내었다. 남편은 농사로 거칠어진 손마디에서 만들어진 어머니표 칼칼한 고추장에 밥을 비벼 먹으며 고향집 어머니를 만나게 되는 것이다.

이제는 마음 놓고 생일을 찾을 나이가 되었다. 때마침 이천 '산수유마을 축제' 소식을 들었다. 남편은 행사도 관람할 겸 꽃이 만개했을 거라며 이천으로 길을 잡았다. 설봉공원을 지나 백사면 산수유마을로 접어들었다. 공터에 차일을 치고 손님을 맞이했다. 산수유 열매가 발갛게 우러난 약주, 약초들이 가판대 위에 진열되어 시골 처녀처럼 수줍게 눈길을 보냈다. 한편에선 떡메로 찰떡을 치며 내 시선을 끌었다. 금세 노란 콩고물을 입은 인절미가 사람들의 손으로 입으로 옮겨 갔다. 나도 찰진 인절미를 고물에 눌러 먹으며 마치 생일잔치인 양 어울렸다.

산마을이 소란스럽다. 산수유나무에 딱따구리가 거꾸로 매달린 채, 부리로 나무구멍을 뚫고 있다. 아마도 봄이 되니 새집을 지어 신부를 맞이

하려고 공사가 한창인 듯하다. 부리가 다 바스러질 것만 같다. 온몸을 던져 지어내는 아름다운 집, 저 노동으로 빚어내는 삶의 언어에 산마을은 대장간처럼 생기가 돈다.

산수유나무는 봄맞이 노란 꽃불을 켰다. 딱따구리에게 선뜻 새 둥지를 허락한 넓고 깊어진 그 나무의 속내를 따라가 본다. 겨우내 땅 기운을 발밑에 모으고, 이른 봄 녹색 수액을 끌어 올려 햇살과 바람, 비와 만나며 가을에 닿으면 나뭇가지가 보이지 않을 만큼 열매를 매달 것이다. 자식을 공부시키고 가게를 꾸려나가라고 빨간 열매에 희망을 얹어줄 것이다. 그 마을의 풍요를 빌며 분주해진 마을을 돌아 나온다. 멋진 식사가 준비된 '임금님표 쌀밥집'으로 운전대를 잡은 남편에게 미소를 날린다.

음식점 마당에는 소문대로 차들이 빽빽하게 들어서 있다. 둘이 앉을 자리는 비어 있다. 아가씨가 식탁을 손수레처럼 밀고 들어온다. 한 상에 차려놓은 음식들, 옛날 임금님 수라상이 부럽지 않을 만큼 푸짐하다. 쌀밥에 윤기가 자르르하다. 갖은 전이며 굴비까지 한자리에 놓여 있다. 음식의 가지 수를 세어보다가 마음이 먼저 배부르다.

삼이 두 번이나 겹쳐 복되다는 음력 삼월삼짇날, 산수유나무가 축하의 꽃송이를 터트리고 예부터 길일이라 집안의 음식 맛을 보듬어 낼 장을 담그고 있지 않은가.

음력 삼짇날은 어머니가 스물다섯 해, 나를 위해 꼬박꼬박 치성을 드리던 새벽의 분주함이 깃들었는데.

'생일을 양력으로 바꾸라고?'

자라

모란 5일 장날이다. 투병으로 지친 남편과 장 구경에 나섰다. 꽃샘추위는 남편의 헐렁해진 옷 속에 들락날락 바람의 길을 낸다. 겨울나무처럼 앙상한 남편은 마른 손가락으로 몇 가닥 남지 않은 머리카락을 쓸어 올린다.

장터에는 사람들의 왁자지껄한 소리가 햇살처럼 퍼져간다. 그 소리를 따라 남편이 걸음을 옮기다 멈춰 섰다. 널찍한 고무통 안에 꼬물거리는 자라들. 목을 뺐다 넣었다 하며 헤엄치고 있었다. 남편은 자라의 생동감 있는 움직임에 몸을 아예 구부리고 앉았다. 고향 냇물에서 보아왔던 자라와 고향 소식이라도 묻고 있는 것인가.

장터 길은 붐볐다. 이상하게도 불콰하게 취한 사람들의 언쟁이, 바닥으로 내려간 기분을 일으켜 세웠다. 링 밖에 서서 살아있는 몸짓을 구경하는 것처럼 어느 한쪽을 응원하고 싶었다. 소쿠리에 담긴 냉이는 꼭 좀 먹어보라고 손짓을 했다. 한 소쿠리의 봄을 샀다. 문득 시골로 달려가고 싶었다.

장터에 다녀온 지 사흘쯤 지났을까. 아주버님이 연락도 없이 무슨 비료 포대를 들고 오셨다. 무엇인가 들여다보니 자라 두 마리가 있었다. 암 수술을 한 동생 걱정을 하다가 우연히 자연산 자라를 구했다는 것이다. 시골에 오가는 것이 힘들 것 같아 직접 들고 왔다고 했다. 남편의 눈가에 눈물이 고였다. 아주버님은 자라 피를 내서 먹게 하라고 신신당부하셨다.

자라와의 교전이 시작되었다. 일방적인 전쟁, 주도권은 내 쪽이었다. 자라 생피를 먹인다는 것이 께름칙했다. 하지만 남편을 위한 보신인데 무엇을 망설이나. 비장한 각오를 하고 칼과 도마를 준비했다. 망나니처럼 칼을 높이 들었다 한순간에 내리쳐야 한다. 그래야 자라의 고통도 순간에 끝날 것이 아닌가. 도마 위에 자라를 올려놓았다. 손바닥으로 자라 등을 힘주어 잡았다. 그렇지만 쉽사리 머리를 내놓지 않았다. 자라는 방패로 막아내듯 등딱지에 힘을 주고 단단하게 나를 밀어냈다. 나는 더 강한 힘으로 맞서야만 했다. 손이 떨렸다. 그때마다 자라는 고개를 쳐들고 간절히 애원하듯, 까만 눈을 번득거렸다. 그러나 어쩌랴.

순간 칼을 내리쳤다. 한데 정수리를 스치고 죽음을 비낀 칼날은 이가 빠져 있을 뿐, 자라는 그대로 목을 움츠리고 말았다. 그래도 멈출 수는 없었다. 다시 고쳐 앉아 자라를 유인하고 기어이 목을 향해 내리쳤다. 거꾸로 쳐든 자라목에서 선연한 핏방울이 떨어졌다. 소주잔에 자라의 피를 받았다. 작은 술잔도 가득 채우지 못한 생의 무게가 너무나 가벼웠다. 섬뜩하면서 가여웠다. 그의 생이 끝나고 다른 생에 온기를 넣는 거라고 '수

혼비문獸魂碑文'을 되뇌며 나를 위로했다. 짐승이 인간을 위해 죽었으니 그 넋을 기리고 부디 환생해 복을 누리길 빌었다. 생이 건너오는 다리 위, 모진 생각이 회오리바람을 탔다.

홀로 남은 자라 한 마리는 그냥 양은 대야에 넣어두었다. 남겨진 채, 짝을 찾느라 쉬지 않고 발톱으로 배각배각 그릇을 긁어댔다. 아니 온몸으로 울고 있었다. 자라의 울음소리는 꿈속까지 따라 들어왔다. 자라들이 나를 응시하다가 내게로 기어오르는 것이 아닌가. 손을 휘저으며 뿌리쳐도 내 옷을 물고 늘어졌다. 놀라 깨어보니 식은땀에 젖어 있다.

쪽잠을 털고 일어났다. 너무나 조용했다. 있어야 할 자라가 보이지 않았다. 미끄러운 그릇 속에서 어떻게 달아난 것인가. 방 안의 불을 켜고 남편을 깨웠다. 자라 수색 전을 벌였다. 납작하니 냉장고 밑으로 들어갔을지도 몰라 코가 땅에 닿도록 엎드려 보았다. 틈새에 긴 막대기를 넣어 휘젓기도 하였지만 찾을 수가 없었다. 어딘가 구석으로 들어간 게 확실했다.

잠자리로 돌아와 누우려는 순간이었다. 너무 놀라지 않을 수 없었다. 도망친 자라가 이불 위에 납작 엎드리고 나를 바라보고 있지 않은가. 그것도 남편이 누었던 그 자리에서…. 우리가 잠든 사이 여기저기 기웃거렸을 것 같아 소름이 돋았다. 꼼짝할 수가 없었다. 더 찾아보겠다는 남편을 향해 소리를 질렀다. 남편에게 건너온 자라의 피가 핏줄을 타고 피돌기를 하는 것은 아닌지. 그래서 죽은 제 짝의 냄새를 맡고 찾아온 것인지. 어쩐지 보복하러 기를 쓰고 온 것처럼 느껴졌다. 자라가 제 짝의 냄새를 찾아 누워본들 잃어버린 짝을 찾을 수 있단 말인가.

큰 솥에 목이 잘린 자라를 넣고 가스 불을 켰다. 그런데 이건 또 뭐람. 물이 데워지자 죽었던 자라가 살아서 허우적거리는 게 아닌가. 못 볼 것을 본 듯 허겁지겁 솥뚜껑을 닫았다. 살아 움직이는 힘이 놀라웠다. 그 힘이 남편을 일으켜 줄 것 같은 확신이 들었다. 나는 더 독해지고 있었다. 자라에게 삼일의 시한부 선고를 하고, 장수의 시간을 고스란히 남편에게 옮기고 싶었다.

독한 마음으로 살생을 했다. 단지해서 피를 내는 심정으로 내키지 않는 일을 단행한 것이다. 남편을 위해 못할 게 없었다. 벌은 내가 받을 것이니 부디 생을 건너온 자라를 통해 회복하기를 빌었다. 그뿐인가. 내일이면 또 숫돌에 칼을 쓱쓱 갈고, 남겨진 자라의 목을 한 번에 내리칠 궁리를 하며 '수혼비문'을 되뇔 것이다.

남편이 서 있는 응달에 해가 비친다.

문이 잠긴 날

잠금쇠를 풀어야 한다. 점심 무렵이었다. 이웃에 급한 볼일을 보고 돌아와 지갑에서 열쇠를 찾으니 보이지 않는다. 초인종을 눌렀으나 집에는 당연히 아무도 없다. 아침 식사를 하면서 남편과 딸의 저녁 약속을 들었는데도 그걸 까맣게 잊은 것이다. 잠깐의 외출이어서 옷도 얇게 입고 슬리퍼를 끌고 나왔으니 이 차림으로 어디를 가야 할지 막막했다. 아무에게나 가까이 다가가지 못하는 성격 때문에 선뜻 남의 집 문을 두드리지도 못한다. 생각 끝에 찜질방을 찾았다. 뜨끈뜨끈한 바닥에 누우니 저절로 몸이 풀린다. 한바탕 땀을 흘렸더니 마음에 여유가 생긴다.

언젠가 여동생이 우리 집에 놀러 온 적이 있다. 남편과 함께 지인 결혼식에 참석하고 돌아오니 열쇠도 맡기지 않은 채 동생이 외출했다. 열쇠 수리공을 부르면 될 텐데. 아까운 수리비 생각이 객기를 불러일으켰다. 집 앞에 남편을 서 있게 하고 수리공을 불러오겠다며 아랫집으로 들어갔다. 3층 준영네 베란다에서 4층 우리 집을 올려다보며 유심히 살폈다. 저층 아파트여서 층과 층 사이가 높지 않았다. 고향 집 감나무처럼 만만해 보였다. 어릴 때 나는 나무 오르기를 좋아했다. 감나무에도 자주 올랐다. 지지대만 있다면 그때처럼 올라갈 수도 있을 것 같았다. 순간 튼튼해 보이는 빨래건조대에 눈이 갔다. 일단 저 위로 올라가면 우리 집 창문에 팔이 닿을 것도 같은데…. 준영 엄마가 질겁하며 말렸지만 나는 건조대 위로 올라가기 위해 발을 뻗었다. 간신히 그 위에 올라섰다. 우리 집 베란다가 보였다. 까치발을 최대한 들어 올리며 올라가려고 안간힘을 썼다. 마침내 유리문을 열고 순식간에 안으로 들어갔다. 그리고는 의기양양하게 현관문을 열고 남편에게 어서 들어오라고 소리쳤다. 딸을 안고 현관문을 들어서며 남편이 물었다.

"어떻게 열었어?"

"스파이더맨처럼, 아랫집에서 벽을 타고 올랐지."

"왜 이렇게 겁이 없어!"

무용담처럼 얘기하는 내게 남편이 화를 버럭 냈다.

남편이 외지로 발령을 받아 한 1년 떨어져 살았다. 잠이 안 오는 밤이면 일부러 장판의 때를 벗기고 흐려진 마음을 닦으며 니스를 발라 윤을 내었다. 그날도 더러워진 장판의 때를 닦고 있었다. 그때 전화벨이 울렸다. 자정을 지난 시각이었다. 갑자기 무서워졌다. 떨리는 손으로 수화기를 들었다.

"누가 우리 집 열쇠 구멍에 열쇠를 넣고 달그락거렸어. 빨리 좀 내려와 봐."

아래층 준영이 엄마가 무서움에 찬 목소리로 더듬거렸다. 준영 아빠가 출장 간 틈이다. 내려가기 무서웠지만, 마음을 다지고 도둑고양이처럼 움츠리고 나갔다. 층계에서 누군가가 덜미를 잡아당길 것 같았다. 살금살금 다가가 그녀의 집 앞을 보니 아무도 없다. 후다닥 달려가 초인종을 눌렀다.

"나야!"

그날 밤 우리는 마치 1박 여행이라도 온 것처럼 새벽까지 오붓한 시간을 즐겼다. 그런저런 추억에 잠겨 설핏 졸고 있는 사이 등 뒤에서 딸 이름을 부르는 소리가 들렸다. 남편의 목소리였다. 반사적으로 벌떡 일어났다. 휴대전화까지 두고 나와 갈 곳이 없어 직장에 있는 남편에게 공중전화를 했었다. 덜렁거리는 내게 화가 났던지 "모임이 언제 끝날지 모르겠어." 하던 그가 내심 걱정을 하긴 한 모양이다. 어쨌든 데이트하는 기분으로 집을 향해 걸었다. 그가 겉옷을 벗어 내 어깨에 살포시 얹었다. 그 체온에 서운했던 맘과 지루했던 하루가 눈 녹듯이 녹아내렸다. 열쇠를 핑계로 포근한 데이트를 하게 되었으니 건망증에 고맙다고 해야 할지.

한 다발의 열쇠가 있어도 잠금쇠에 딱 맞아야 딸깍하고 열린다. 성급해지면 출입문 번호가 생각나지 않을 수도 있다. 상대방이 뭘 원하는지 알아야 마음의 빗장도 열린다. 집 열쇠를 잃은 것보다 마음의 문이 잠겨 화해의 열쇠를 잃는다면 더 큰 일이다. 건망증을 포함해서 남편을 불편하게 한 적이 많다. 매사에 허술한 나와는 다른 세심한 남편, 그때마다 남편은 정신 차리라고 천천히 열쇠를 비트는 것일 거다.

오늘도 남편은 잠금쇠를 풀고 있다.

세월을 잇다

싱거 미싱이 한순간 멎는다. 박음질하던 시간을 붙잡듯 옷감을 물고 멈춰 섰다. 모터에 연결한 벨트가 끊어진 것이다.

어머니가 애장한 때부터 60여 년의 세월을 살아낸 재봉틀. 어머니 손길이 닿았던 몸체는 까만 칠이 살짝 벗겨져 무쇠의 속살을 내비치고 있지만 천사의 날개 금장은 예전처럼 번쩍거린다. 어머니는 바느질을 통해 천사의 빛을 우리에게 선물하고 싶으셨을 것 같다. 그 솜씨는 고스란히 우리에게 금장으로 남아 추억으로 다가서게 한다.

여름철이면 어머니는 언니와 내게 똑같은 민소매 원피스를 만들어 주셨다. 나는 빨간 딸기 무늬가 있는 옷을 언니와 함께 입는 것이 좋았다. 소꿉친구들이 부러워했기 때문이다. 어머니의 재봉틀은 늘 새로운 것을 만들어냈다. 색동 자투리를 이어 만들고 조각 이불 홑청을 갈아 끼울 때는 매끈한 살결에 뒹굴고 싶어 안달이 날 지경이었다. 재봉틀 주변을 서성거리는 내게 어머니는 웃으시며 알록달록한 천 조각들을 손에 쥐여주곤 했다. 나는 그 조각들을 작은 상자에 보물처럼 모아두었다.

그 상자를 열 듯 그리움의 조각들을 꺼낸다. 어머니의 마음이 깃든 것 중에 자주색 우단으로 만든 식기 주머니가 있다. 한겨울, 어머니는 식구들의 늦은 귀가에 따뜻한 밥을 먹이려고 보온주머니에 밥그릇을 넣고는 담요로 덮어 아랫목에 두셨다. 밥상을 차리며 보온주머니에서 놋 주발을 꺼내면 더운 김이 났다. 살아오면서 어쩌면 우리는 주머니 속의 식기들처럼 온기를 찾아 어머니 가슴팍에 파고들었던 게 아닌가 싶다.

60년대 초, 야간 통행금지가 있었다. 골목을 순찰하는 동안 순찰대는 방망이를 딱딱 두드리는 소리로 경계심을 갖게 했다. 아버지는 초저녁잠에 들었다가 한밤중에 요란한 개 짖는 소리에 잠이 깨셨다. 그런데 아이들 방에서 달그락거리는 소리가 들렸다. 아버지는 혹시나 하는 불길한 생각이 들어 딸들 방문을 열었다. 한순간 검은 물체와 눈이 마주쳤다. 어떤 남자가 윗목에 놓인 재봉틀 앞에 우뚝 서 있는 것이다.

아버지는 "도둑이야!" 하며 비명을 질렀다. 순간 도둑도 놀란 듯 페달과 연결된 재봉틀 상체를 힘껏 채어 도망치기 시작했다. 아버지는 한참을 뒤쫓았다. 그는 힘에 부쳤는지 뒤를 돌아 아버지에게 재봉틀을 던지고 도망을 쳤다. 아버지는 그때의 어깨 부상으로 한동안 고생하셨다.

어머니는 내 혼수품에 애장하던 싱거 미싱을 선물로 끼워주셨다. 나는 재봉틀에 발틀보다 간편한 모터를 달고 발판을 떼어내 앉은뱅이로 만들었다. 발로 페달을 밟을 때보다 속도가 붙어 신이 났다. 철이 바뀔 때마다 천을 박음질해 소품으로 집안을 꾸미고, 체크무늬 옥스퍼드 천에 프릴을 달아 커튼을 만들며 밤을 새운 적도 있다.

어느 날, 그 재봉틀의 연결 벨트가 끊어졌다. 아버지가 계셨다면 바로 손을 보아주셨을 것이다. 뭐든 미루지 않고 해결하셨으니까. 재봉틀 가게를 찾았다. 주인아저씨의 시원스레 벗어진 이마와 짙은 눈썹을 보니 생전의 아버지 모습이 겹쳐졌다. 아버지 생각에 잠시 머뭇거렸다. 가게에는 다행스럽게 필요한 부품이 있었다.

사 온 고무벨트를 모터에 연결했다. 재봉틀 구멍에 기름을 치고 무릎으로 페달을 지그시 누른다. 재봉틀에 동력이 전달되어 숨 고르기를 하듯 천천히 움직이다가 소리를 내지른다. 물었던 천을 밀어낸다. 소창을 꺼내 행주를 만들고 낮에 밀쳐둔 옷가지를 박음질했다. 바느질 땀이 똑 고르다.

내게 머물렀던 시간을 건네듯 딸에게 재봉틀을 물려주고 싶다. 딸이 그 재봉틀을 돌리며 애틋한 사랑을 주셨던 외할아버지와 외할머니의 손길을 느끼기를. 매끄럽고 고른 세월을 이어가길 빌어본다.

더듬거리는 달팽이처럼

달팽이가 허공에 촉수를 내민다. 손결이 닿자 움찔 머리를 넣는다. 딸이 학교에서 키우던 달팽이를 가져왔다. 등껍질이 깨져 아픈 모양이다. 소라고둥을 닮아 바다 이야기라도 들려줄 것 같은데, 바닥에 떨어진 경험으로 트라우마가 생긴 걸까. 밀어 넣은 고개를 좀처럼 내놓지 않는다.

사방이 두루 보이는 두어 뼘 정도의 플라스틱 용기를 찾아 달팽이의 아픈 몸을 내려놓았다. 어느 정도 안정이 됐는지 고개를 두리번거리며 배밀이를 하고 있다. 천천히 옮겨 다니며 더듬거리는 모양이 굼뜬 내 모습 같다. 슬쩍 건드리기만 해도 고개를 움츠린 채, 안으로 숨어드는 것도 감정 대립을 두려워하는 나를 꼭 빼닮았다. 움직일 때마다 깨진 등껍질 사이로 투명한 심장이 벌떡거린다.

"낫게 해줄게"

딸은 속살이 보이는 등에 달걀껍데기 빻은 가루를 뿌린 뒤 반창고를 붙여주었다. 달팽이는 그 보살핌이 마음에 안 들었는지 촉수를 내밀고 몸을 뒤척였다. 마침내 반창고 옷을 벗어버리더니 기웃거리던 세상과의 교감을 다시 시도한다. 대엿새가 흘러갔다. 달팽이는 스스로 진액을 내어 달걀껍데기 가루를 제 몸에 붙여가며 갑옷을 만들었다. 자생의 능력을 보며 눈물이 났다. 몇 달이 지나자 상처 난 생살이 갑옷으로 감춰졌다. 매끈하지는 않지만 그래도 장한 흔적이 남았다.

견딤의 흔적. 아버지의 파산과 언니의 죽음이 한꺼번에 쓰나미처럼 밀려왔다. 딸 부잣집의 둘째로 태어났지만, 맏이가 된 나, 무언가를 책임져야 한다는 중압감에서 늘 벗어나지 못했다.

두 쌍의 촉수를 세우고 나는 안팎을 더듬거리는 달팽이의 몸짓을 했다. 머리의 촉수를 뻗어 동생들의 마음을 더듬고, 입의 촉수를 움직여 내 생각을 아프게 되뇌곤 했다. 동생들에게 바로 서라고, 왜 그렇게 용기가 없느냐고 쓴소리를 입에 달고 산 것이다. 돌이켜보면 노파심이었다. 당의정을 입히지 않았으니 쓰디쓴 약이었다. 동생들을 이해하지 못해 답답했으나 내 인내심이 부족했다는 걸 뒤늦게 깨달았다. 그 쓴 약을 제 몸에 붙여가느라 진액을 쏟아내고 있었다는 것을.

껍데기가 깨진 달팽이처럼 내게도 끈끈한 진액의 흔적이 얼비친다. 더듬더듬 촉수를 내밀며 젖은 곳인지 마른 곳인지, 먼저 바닥을 짚어봐야 했다. 세월의 껍질 안으로 촉수를 끌어당긴다. 나선형의 계단을 밟아가듯 비틀린 생각도 돌돌 감는다.

새 갑옷을 장만한 달팽이 한 마리가 천천히 난간을 기어오른다.

텅 빈 자리

언니의 눈물이 내 손에 닿았다. 이 세상에 남기고 가는 마지막 흔적이었다.

봄비가 하루를 집어삼키는 중이다. 조용한 집안에서 나는 한동안 서성거렸다. 무엇을 해야 할지 마음이 잡히지 않는다. 탁자 위에 놓인, 작은 점들이 움직이기 시작했다. 리모컨을 잡았다. 숫자가 시공간을 타고 넘어간다. 순간, 영화 시그널 소리에 손의 움직임이 멈췄다. 일본영화 굿 바이Good & Bye. 주인공 젊은이는 실직했고 이것저것 가릴 것 없이 장의사라는 직업에 뛰어든다. 그는 망자의 몸을 닦고 얼굴에 고운 색이 돌게 화장을 한다. 의뢰인들이 망자와의 마지막을 아름답게 추억할 수 있도록 정성을 다한다. 죽은 이를 위한 산 자들의 예의다.

영화 속, 그는 아버지가 돌아가셨다는 부고를 받는다. 어릴 적 어머니와 함께 버림받았다는 원망을 안고 살아왔으나 결국 천륜 앞에서 마음을 연다. 아버지의 몸을 만지며 굽이굽이 살아온 시간을 편다. 꽉 쥔 손을 펴자 뜻밖에도 어릴 적 다정하게 주고받던 돌이 들어있다. 그리움을 굴리던 속마음을 보여줄 수 없었을 그의 아버지. 강가에서 돌을 주우며 이야기를 나누던 기억을 떠올린다.

불현듯 언니의 부재를 확인한다. 스무 살 무렵의 언니, 언니는 아침 일찍 일어나 세수를 하고 나면 언제나 화장을 했다. 고운 얼굴빛의 언니, 스물여덟의 시간이 멈추고 장의사에게 제 몸을 맡겨 얼굴을 매만지게 했다. '내일 병원으로 검진하러 가는 날' 언니가 쓰던 육아일기에 적힌 메모다. 아팠던 흔적들은 가계부 한쪽에 남아 있다. 병원과 약국을 오가던 내역이다.

걸어가면서 때로는 뛰어가지 않으면, 갑작스러운 이별의 그 날처럼 황망한 일을 겪는다. 패혈증, 손도 쓸 수 없다고 했다. 자정 무렵 집에 도착하기도 전에 병원에서 연락이 왔다. 언니는 지상에서 지워지고 있었다. 반쯤 감은 언니의 눈을 쓸어 감겼다. 손바닥에 채 마르지 않은 눈물이 닿았다. 나는 울지 못했다.

언니는 어떻게 아이의 고물거리는 손, 웃음소리…. 그 어린 것을 놔두고 떠날 수 있었을까. 사랑하는 부모님과 형제들에게 이별의 인사도 못 한 채 언니는 훌쩍 떠나버렸다. 삶과 죽음. 사흘간, 단 사흘간에 벌어진 일이었다.

월명산 벚나무 아래서 언니와 찍었던 사진을 꺼내 보며 기억을 인화한다. 서울로 고등학교 유학을 간 언니는 나와 3년 터울이다. 언니는 주위에 우리를 앉혀놓고 이야기를 잘했다. 큰집과 우리 집을 합한 다섯 자매는 언니의 상상에 함께 날아다녔다. 어느 날, 멋진 아이디어가 있다고 했다.

"겨울에 화장실에 가는 게 싫지 않니. 쪼그려 앉으면 다리도 저리고, 바깥에 있으니 너무 춥고. 그래서 생각해 봤거든. 의자에 앉아 있으면 물이 나오고 바람이 말려주는 변기를 만들면 어떨까"

어쩌면 비데의 아이디어는 언니가 최초 아닐까 싶은데. 언니의 생각을 누군가도 하고 있었나 보다.

언니는 일곱째인 막내를 도맡아 키웠다. 어머니가 늘 위장병과 신경통으로 아프기도 했고, 언니의 손끝이 여물었기 때문이다. 내가 대학생이었을 때는 종가의 맏이가 되어 시누이와 시동생을 데리고 살았다. 가끔 놀러 가기도 했는데, 언니가 고생하는 모습이 안타까웠다. 그즈음 형부는 불황을 벗어나려고 해외 취업 절차를 밟고 있었다.

한동안 언니의 죽음을 친정의 이사 때문이었다고 믿었다. 이사 가면 누군가 죽을 수도 있는 운이라고 식구들은 잠시 바깥 잠을 잤다. 그때 시집간 언니가 새집에서 잠을 자겠다고 했다. 이사 가기 전 그곳의 재앙을 받아낼 수 있다고 자신했을까, 아니면 무속에 매달린 엄마의 생각을 부정하고 싶었던가. 이사 간 후 얼마 안 되어 언니는 갑자기 돌이킬 수 없는 강을 건넜다. 고등학교 수학여행을 가는 남동생에게 티셔츠를 사다 주었다는 언니. 수학여행 전날, 그 애가 누나를 마지막 만난 기억이다.

언니를 생각하면 아직도 화인火印처럼 가슴이 아프다. 그날 이후 어머니는 엄마 없는 아이를 키웠다. 시시때때로 찾아오는 그리움은 깊은 슬픔으로 어머니를 들쑤셨다. 형부는 언니가 떠나고 1년 뒤 재혼했다. 아이는 그 뒤로 우리에게 오지 않았다.

지난날 그리도 못 잊을 일들이 모두 눈을 감는다. 강가를 맴돌던 날들, 내 삶의 가장 참담한 고뇌. 아픈데도 아프지 않다고 생각했다. 이 모순이 무엇인지 몰랐다. 아니 모른 척했다. 하지만 나는 한 번도 말하지 않았다. 어머니의 정원에 비바람이 비켜 가기를, 내 입술은 침묵의 서원을 지켰다.

헤르만 헤세의 『정원 일의 즐거움』을 읽는다. 그가 아끼던 복숭아나무가 태풍에 쓰러졌다. 두 주일만 그 자리에 있었더라면 분홍빛 구름 화관을 다시 썼을 것이라고 했다. 주변에 살던 새, 뱀, 나비들보다 오래 살았다는 나무, 잿빛 하늘에 더없이 부드러운 색채로 황홀한 시간을 기억하게 했던 나무. 헤세는 그 나뭇가지를 꺾어 방에 가져간다. 나무의 울림을 오래 그려두었다. 그리고 뒷모습을 보며 이별 인사를 한다. 복숭아나무여, 그래 잘 가라고. 그 자리에는 다른 나무가 좀 더 잘 견디게 깊은 구덩이를 팔까 생각하다 이내 그만둔다. 그동안 꽤 많은 나무를 심었으니 이제 그 자리는 비워둬야겠다는 헤세의 생각을 따라 걷는다.

어머니의 정원에서 스물여덟 해 가꾼 언니, 아픔이란 자리에 그렇게 놓아두는 것이다.

바람을 싣다

빈 배를 갯벌로 끌어들인 건, 낡은 풍랑이었다.

수평선 끝까지 가고 싶어 하는 빈 배를
바닷가 저편까지 끌고 갔다가
내동댕이친 후, 뻘밭에 발목을 묶어두었다.

물결의 풍향계를 쥔 바다는 저만치서 외면하고
저어새처럼 부리를 젓던 노는 부러져
질퍽한 사타구니에 처박혔다.

백사장이 알몸으로 잠들어 있는 외포리 갯가
밀고 당기던 속살은 물결치고
떠나야 한다는 생각에 까마득히 접혔던 돛단배는
수로의 자궁에서 죽은 닻의 탯줄을 당긴다.

바람을 싣고
너에게로 가기 위해
꿈에서도 흔들리는 빈 배.

모래웅덩이를 줍다

한 남자의 생각을 파내려가는 바다
무반주 첼리스트처럼 바람의 활을 쥐고
저음의 선율로 격렬하게 밤의 울타리를 친다
웅덩이 하나를 버리면 또 다른 웅덩이가 생겨나서
기억의 화석을 찾는 바다는
생각의 깃털을 빠트리고
바람의 활을 들어 올리곤 하지
가라앉고 부서지기를 반복하면서 하얀 포말이 된
모래 웅덩이의 사연을 캐는, 파도

2장

마당에 불 밝히고

키 큰 남자와 키 작은 여자

결혼식장에 정전이 되었다. 촛불 앞에서 사랑의 꽃말을 가진 아가위 나무처럼 살겠다고 서약을 했다.

신혼여행지는 제주도로 정했다. 그가 신분증을 잃어버리지만 않았다면 처음 타보는 비행기의 설렘을 안고 파도가 치는 해안가에 방을 잡았을 것이다. 와인을 곁들여 파도의 연주로 앞날을 멋지게 꿈꾸었을 것이다. 예약을 취소하고 경주와 부산으로 여행지를 수정했다. 기차를 기다리기까지 서너 시간의 공백이 생겼다. 철로 변 누추한 여인숙에 첫 발걸음을 디뎠다. 살아갈 날들을 위해서 최상의 추억을 품고 가야 할 길이라는 걸 그는 알지 못했다.

완행열차를 타고 경주에 도착했을 무렵, 석양이 지고 있었다. 불국사의 관람도 절 마당에 발만 닿았다가 넘어가는 해를 겨우 붙잡았을 뿐이다. 해운대에도 역시 2급 호텔의 방을 정했다. 대기업에 다니고 부농의 아들이라더니, 처음부터 길들이려는 것인가.

키 큰 남자를 만났다. 뭐든 다 해줄 것처럼 마음이 넓고 든든할 것 같았다. 시댁에 가니 조그만 새사람이 마음에 안 든 눈치였다. 그러나 그는 내가 작아 품에 들어오니 좋다고 말했다. 그래서 믿었다. 가끔 조그맣다고 업어도 주었다. 내 키에 맞추느라 허리를 굽히고 그의 손으로 무엇이든 선뜻 잡을 수 있었다. 그가 내 키 높이를 맞추는가 싶더니 굽혔던 허리를 꼿꼿이 세우기 시작하자 신혼의 서막은 끝났다.

나는 한 뼘의 까치발을 들어 그와 눈을 맞추려고 애썼으나 이미 허리를 세운 그와 눈높이는 맞지 않았다. 내게 허리를 굽혀주지 않는다고 떼를 쓰게 되었다. 그의 퇴근은 하숙집을 드나들듯 무책임해 보였으나 다행히 출근은 제시간에 했다.

벽에 못 하나 치는 일도 그의 손을 빌려 쓸 수 없었고 높이 매단 커튼도 떼 주지 않았다. 하는 수 없이 의자를 가져다 아쉬운 대로 액자를 걸고 커튼을 바꿔 달았다. 벽에 어떤 그림이 걸리는지 그는 벽을 바라볼 여유 없이 살아갔다. 그뿐 아니라 그는 첩을 둘 거느리고 있는데, 내가 도저히 떼어놓을 수 없었다.

첫째는 술이고 둘째는 운동이다. 첫 번째 첩은 시도 때도 없고 둘째 첩은 일요일을 잡아갔다. 그리곤 두 첩이 합세하여 기진맥진한 몸으로 돌려보내곤 했다.

그의 귀가 시간은 내 자존심을 건드리는 성적표가 되어갔다. 그는 어떻게든 구실을 삼아 바늘이 겹치는 12시가 가까워져야 집이라는 곳을 찾아들었다. 달력에 그의 귀가 시간을 적어두고 빨간 점을 찍었다. 새달이 되어도 여전히 붉은 밤이 달력을 누볐다. 바쁜 중에도 붉은 점에 눈길이 갔던지 자기를 평가하는 게 말이 되느냐고 화를 냈다. 생각해보니 내가 그를 집으로 불러들일 재주가 없었다. 어차피 그건 내 성적표였다. 돌이켜보니 그건 재미로 동의를 구하고 시작한 일이었다. 계속했다가 아들에게 가보로 넘기며 묵언의 계명으로 삼게 할 걸, 하며 웃음이 나온다.

아이가 태어나도 그의 일상은 여전했다. 그의 키가 대단하지도 고맙지도 않았다. 날마다 구두를 닦던 손길을 멈추고 아이에게 집중하느라 하루가 바빴다. 기저귀를 삶고 이유식을 만들었다.

하숙집 아줌마처럼 의무적으로 그의 출근과 퇴근에 무관해지면서도 첩의 꼴을 점점 보고 싶지가 않았다. 아가위 꽃 같은 여자가 피로에 찌들어 불쑥 화관을 던져버리자 잠깐 멈칫하다가도 첩들의 유혹에서 벗어날 생각은 하지 않았다. 그를 미워하다 보니 가슴은 메마르고 거칠어졌다.

자라지 않는 키 대신 내 품을 늘려야 했다. 그의 좋은 점을 써보았다. 외박은 하지 않는다. 남들에게 따뜻하게 대해 준다. 친구들을 좋아한다. 그렇게 마음을 기울였지만 품은 쉽사리 늘어나지 않았다.

어느 날, 남편 친구의 어머니께서 우리를 유심히 보시더니 장가를 잘 갔다고 했다. 이유는 아내가 예쁘지도 밉지도 않아 무난하게 생겼다는 것이다. 집을 뛰쳐나갈 것 같지는 않아 보였던가. 그게 칭찬인지, 세월이 흘렀는데도 화두처럼 들린 그 말씀이 싫지 않은 건 왜일까. 장가 잘 갔다는 말을 다시 생각해본다. 잘 살아내라는 말씀이 아니었을까.

결혼은 한 뼘의 까치발만 들어서는 안 되는 일이었다. 절제와 겸손, 관용을 베풀어야 하는 성장의 의미였다. 생각의 품을 넓혀야 한다는 것을 깨닫는 동안 그 남자도 자유가 자유롭지 않았다. 벌판의 포식자들과 투쟁하며 제 발뒤꿈치를 내놓고 싸우는 투쟁의 시간이었다. 그를 이해할 무렵, 1막이 아닌 막을 내려야 할 위기에 빠졌다. 그의 건강은 손쓰기에 너무 늦었다는 결말로 치달았다. 키 큰 남자가 다시 허리를 구부리게 되었다. 달갑지가 않았다. 그와 내가 하나가 되어 아팠다.

그가 드디어 첫째 첩을 버리자 둘째 첩은 그를 일으켜 세우는 역할을 충실히 잘 해냈다. 그가 허리를 펴면서 내 키를 키울 수 없으니 품이나 넓혀주려고 마음을 먹었는지. 내게 취미생활을 해보라고 보너스를 얹었다.

글쓰기 반에 들어갔다. 재주는 없지만 좋은 글을 읽고 들으며 그날이 기다려졌다. 그에게 눈높이를 맞추라고 떼쓸 필요도 없어졌다. 그냥 서로 있는 그대로 바라보면 된다는 생각이 들었다.

'비밀의 정원'이라는 그림책이 내게도 있다. 지금까지 살아오는 동안 색칠해 온 그림에는 가끔 그를 놀려대는 철로 변의 허름한 그림이 한 컷. 아이 둘과 대보면 똑같은 마음의 키로 있던 '어른아이' 한 컷. 먼 길을 혼자 걸을 뻔한, 같이 아팠던 그림 또 한 컷. 그 책은 아직 색칠할 곳을 남겨두고 있다.

제 몸을 태워야 주변을 밝힐 수 있는 촛불의 은유가 결혼식의 주례사였다.

언덕 위의 하룻밤

여름 찜통더위가 우리를 무주구천동으로 불러들였다. 숙박할 곳을 마련했다는 남편의 말을 믿고 우리는 가벼운 마음으로 출발했다. 냉방시설이 안 된 완행열차를 입석으로 탔다. 한나절은 족히 걸렸다. 그뿐만 아니라 만원 버스를 바꿔 타고도 두어 시간여를 더 갈 먼 길이었다. 사람들 사이에서 아이를 팔에 받쳐 안고 버틴 남편이 처음으로 믿음직스러웠다.

골짜기는 사람들의 엉덩이가 스칠 만큼 북적였다. 무더위는 사람들을 물속에 풀어놓았다. 아이는 물빛을 따라 작은 물고기처럼 흔들렸다. 서서히 더위가 잦아들자 날이 저물기 시작했다. 간단하게 저녁을 해 먹고 잠자리에 들면 되었다. 그런데 해 질 무렵이 되자, 남편은 난감한 표정을 지었다. 숙박을 알선해주기로 한 동료와 연락이 되지 않는다는 것이다.

민박집을 구해야 했다. 하지만 빌려줄 방이 없었다. 요금은 시간이 지날수록 비싸졌다. 아예 일류호텔 대실료에 맞먹는다고 여기저기서 실랑이가 벌어졌다. 무주읍에 나가면 형편이 나을 것 같았다. 짐을 챙겼다. 불빛이 일어서자 낯선 밤이 어슬렁거리며 다가왔다.

버스는 무주읍에 우리를 내려놓았다. 가로등 불빛까지도 이방인을 외면한 듯 흐릿했다. 무서움이 달려들었다. 남편은 길가에 남겨둔 우리가 불안했는지 방을 구하러 갔다가는 이내 다시 돌아왔다. 그렇게 수차례 왔다 갔다 하며 잘만한 곳을 찾아다녔지만, 빈방은 없었다.

아이는 아장거리며 걷던 것도 지쳤는지 몸을 뒤척였다. 아이가 병이 날까 걱정이었다. 가로등 밑에 배낭을 깔고 앉았다. 보채는 아이를 품에 꼭 끌어안았다. 그때 자전거를 탄 청년이 지나갔다. 그런데 그 청년이 다시 돌아왔다. 그리고는 멈칫거리며 조심스럽게 말했다.

"아주머니, 잠잘 곳이 없으신 거죠? 볏가마니 두는 골방이어도 괜찮으면 따라오세요."

순간, 용수철이 튕기듯 일어섰다. 헛간이라도 괜찮았다. 청년은 어머니 심부름을 다녀오다가 아이를 달래고 있는 내 모습에 눈길이 가더라고 했다. 잠시 후 뛰어다니다 지친 남편이 돌아왔다. 청년이 자기 집으로 함께 가자고 하자 남편의 얼굴이 환해졌다. 마치 아이와 내가 큰일을 해낸 것처럼 앞장서서 청년의 뒤를 따랐다. 그를 따라 구불구불 휘어진 언덕길로 오르기 시작했다. 오르막이 힘에 겨운 듯 자전거 바퀴도 탈탈거리며 주춤거렸다.

낯선 사람의 기척에 툇마루에 앉았던 시골 아낙이 사립문을 열었다. 청년의 어머니였다. 판자 울타리에 걸쳐 있던 대문은 밖과 안의 경계를 지을 뿐, 집 단속을 하지 않는 것 같았다. 그의 어머니는 누추한 곳이라며 방문을 열어주고 들어가게 했다.

작은 방이었다. 아늑했다. 벽에 걸린 체크무늬 남방과 청바지가 백열등 불빛에 드러나 고단한 몸처럼 후줄근해 보였다. 곧 돌아오겠다는 약속인 양 방바닥에 엎어놓은 책도 눈에 들어온다. 청년의 방에 물먹은 하루를 내려놓았다. 외지에서 잘 곳을 얻지 못해 막막했는데 그 청년을 따라나서지 않았다면 길거리에서 아이와 날밤을 새워야 했을 것이다. 벼 가마니의 깔깔한 감촉이 머리에 닿았다. 어떤 욕심도 일어나지 않았다. 오도 가도 못 할 곳에서 등을 기댈 수 있었던 건 정말 행운이었다.

창을 내지 않은 골방이라 문을 닫으면 아이가 칭얼거렸다. 건넌방에서 자는 청년과 어머니가 깰까 봐 방문을 닫을 수도 열 수도 없었다. 아이는 새벽바람에야 겨우 품에서 쌔근거렸다.

언덕 위에도 아침이 왔다. 청년이 문고리를 흔들더니 아침상을 들여왔다. 보리밥에 시래기 된장국, 시커먼 무청 김치가 차려진 소박한 밥상이었다. 보리 알이 푹 퍼져 구수했다. 갑자기 찾아든 손님에게 대접할 게 마땅치 않았을 것이다. 그렇지만 그의 어머니가 차려내온 밥상에는 수북하게 퍼 담은 밥그릇만큼 인정이라는 반찬도 달려왔을 것이다. 조촐한 아침 식사가 유난히 맛있었다.

청년은 인적이 뜸한 물가로 우리를 안내했다. 북새통을 이뤘던 구천동 계곡과는 달리 한적했다. 그곳의 지명이 장군바위라고 알려주며 아이와 재미있게 놀다 가란다. 딸아이의 머리카락이 짧고 숱이 적으니 사내아이로 착각했나 보다. 장군처럼 씩씩한 아이가 되라는 마음 씀씀이가 고맙다. 자갈이 들여다보이는 물속에 아이를 내려놓자 성큼 물에 주저앉았다. 친구가 선물한 빨간색 원피스 수영복이 헐렁해서 더 귀여웠다. 평화의 시간이었다.

남편은 회사 동료의 약속을 믿고 무주구천동까지 먼 길을 떠나왔다. 그런데 약속을 저버린 그 사람 때문에 속상하고 화가 났다. 그렇지만 어떤 사정이 있었을 거라고 마음을 돌려먹었다. 덕분에 무주의 가슴 따뜻한 사람을 만난 게 아닌가.

낯선 하룻밤. 지금도 가끔 그 골방이 생각난다. 구불구불했던 언덕은 평지가 되었을지도 모른다. 다시 찾아보겠다고 했지만, 시간을 놓치고 말았다. 늦었지만 진심으로 고마웠다는 마음을 전하고 싶다. 보리밥에 무청 김치, 시래기 된장국, 잊을 수 없는 인정을 생각할 때마다 청년이 가슴으로 열어주었던 방, 그 문고리를 다시 흔들어 본다.

추억

옛날손짜장이란 간판을 볼 때마다 오래전 짜장 냄새가 나는 것 같다. 어린 눈망울이 클릭 된다. 입가에 짜장을 묻히고 피에로처럼 웃는 아이가 가만히 품으로 안긴다.

아이들이 올망졸망한 아파트 동네에서 살았다. 주말이면 집마다 경쟁하듯 부모 손을 잡고 외식하러 나가는 모습이 눈에 띈다. 그때마다 아이들은 제 아빠가 테니스라켓을 들고 나서기라도 하면 발목을 잡고 조르기 일쑤다. 흔쾌히 외식을 승낙한 날은 얼굴이 맑아진다.

여섯 살 둘째 녀석은 푸들 강아지처럼 길가로 먼저 내달린다. 꿈에 부푼 버스를 타고 음식점이 모여 있는 시내로 간다. 아이는 짜장면과 탕수육, 덤으로 톡 쏘는 사이다를 떠올리는지 눈이 반짝거린다. 주말 운동을 기다리던 남편은 아이들 소원을 들어주려고 포기한 운동이 못내 아쉬운 듯하다. 그 대가로 자신의 메뉴를 고집하며 아이들이 선택한 메뉴는 탈락시킨다.

나는 중재에 나설 수밖에 없다. 근처의 중국집에 가서 아이들이 선택한 짜장면을 시켜주고 식사가 끝나면 한식집으로 오라고 일렀다. 부아가 치밀어 오르지만 어쩐지 철부지 아들이 하나 더 있는 것 같아 씁쓸해졌다.

잊고 지낸 파스텔화를 펼친다. 마음에 걸어둔 램프를 닦고 아버지와 함께한 시간을 켠다. 고등학교 배지를 단 그해. 아버지는 나를 양식집에 데리고 갔다. 계단을 올라가는데 하얀 마가렛 꽃에 햇살이 고여 있었다. 화사한 꽃이 보이는 창가 테이블 앞에 앉았다. 생활관에서 양식예절로 포크와 나이프 사용법을 배웠지만 서툴러 어색하기만 했다. 아버지는 접시의 고기를 먹기 좋게 잘라 주며 웃으셨다.

덜 여문 내게 아버지가 그때처럼 불쑥 마가렛 꽃송이를 내민다. 어른이 되라고 하신다. 상처 입지 말고 아빠하고 보낸 추억을 간직하라고. 한동안 아버지를 잊고 지냈다. 아버지 도타운 손이 어깨를 감싸 안는다. 램프의 불꽃이 흔들린다 ….어깨에서 아버지 손길이 떠나가고 밖은 어둡다.

가끔 남편은 성장한 아이들과 외식하고 싶어 한다. 각자 살아가는 일이 바쁘다 보니 퇴짜를 맞는 날이 많다. 남편의 기색을 살피며 예전에 짜장면을 실컷 사주지 그랬냐고 불쏘시개를 사른다. 달아오른 얼굴을 보며 웃음이 굴렁쇠를 탄다. 나가자는 말에 애들보다 더 먼저 좋아하는 나. 하지만 바람도 쐬고 맛있는 걸 사준다고 하는데도 남편은 귀찮다며 대충 집에서 먹자고 한다.

남편은 간혹 별식을 찾는다. 냉장고를 뒤져보면 조금씩 남겨진 재료들이 있다. 누렇고 찌그러진 양은냄비를 찾아 불 위에 올린다. 냄비의 관록을 믿어본다. 그의 친지와 둘러앉던 애환의 시간, 작은 냄비를 앉혀놓고 퍼 올리던 이야기로 밤이 달아나곤 했었지. 술잔 두 개를 상 위에 얹는다. 남편은 찌개를 한 숟갈 떠 입에 넣는다. 속이 시원하단다. 둘러앉았던 그의 친구들은 이야기 속에서 다시 살아난다. 늦게까지 어질러놓은 술상을 같이 치워주던 총각 C씨는 천국에서 한 잔 하시는지. 따뜻했던 마음 씀씀이에 늦도록 술잔을 기울여도 밉지가 않았다.

별식도 외식이라고. 한 잔의 술잔을 받고 추억은 술상 머리에서 일어설 줄을 모른다.

빈 집

언제든 오고 싶으면 와도 돼. 어느 해 여름, 가족휴가를 앞두고 머뭇거리다 숙소를 정하지 못했는데 은연중에 건넨 P선생의 말이 가슴에서 맥놀이 한다. 흔쾌히 허락하고 내어 준 '은구비' 마을, 그녀의 빈집을 찾아갔다. 자동차 불빛에 길섶의 풀들이 드러나고 찌르레기와 귀뚜라미가 엇박자로 기척한다. 몇 발짝 떨어진 텃밭도 크게 눈을 뜬다. 자동차 엔진 소리를 듣고 옆집 아주머니가 대문을 열었다. P선생의 지인이라고 하자 주인처럼 빈집에 들어서는 걸 허락한다.

자물쇠가 걸리지 않은 대문이 지긋이 몸을 연다. 방마다 눅눅한 냄새가 웅크리고 있다. 불을 켜고 환기를 시켰다. 필요한 사항을 세심하게 적어놓은 메모가 냉장고에 붙어 있다. '부엌문이 어긋나서 살짝 들어서 열어야 해. 기둥에 붙어 있는 스위치를 넣으면 모터에서 목쉰 소리가 날 거야.'

빈집에서 그녀의 지시대로 움직인다. 마당의 수도꼭지로 모터의 힘이 전달된다. 시원한 물이 힘차게 쏟아진다. 남편과 아들이 등목의 쾌감을 만끽하는 동안 말복 더위가 주춤거린다. 늦은 저녁을 먹고 잠자리를 준비하는데, 나방이 불빛을 따라 안으로 달려든다. 불빛의 축제를 함께 하고 싶은 모양이다. 날벌레의 등장에 한참을 고민하는데 벽에 걸려있는 모기장 한 자락이 눈에 들어왔다. 하나둘 모서리를 따라 벽에 걸어보니 기둥을 세우듯 모기장이 일어선다. 아늑하다. 방문 앞에 모기향을 피우고 안으로 들어가 누웠다. 모기장 안이 꽉 찬다. 아들과 딸 그리고 남편과 나, 네 사람의 머리가 베갯머리에 나란하다. 달려온 길이 힘들었는지 세 식구는 잠에 떨어졌다. 살며시 모기장을 젖히고 밖으로 나왔다.

달빛이 없어 뜰 안이 어둡다. 피곤한데도 잠은 저만치 달아나버렸다. 남편과 아들의 코 고는 소리가 곁에 들리니 무섭지는 않다. 떠나오길 잘했다. 특별한 여름을 만나는 일이 어디 쉬운 일인가. 여름을 그리워할 추억을 선물해 준 그녀가 고마웠다. 덕분에 바쁘고 팍팍한 생활을 돌아보며 여유를 찾는다.

"냉장고에 밑반찬도 있고, 텃밭에 고추도 따고 호박잎도 쪄먹어."

그녀가 해준 말을 떠올리자 가슴이 따뜻하다. 고마운 마음을 어떻게 전해야 할까. 내 마음에 빈집 하나 열어두고 이런저런 생각을 채운다.

그녀에게 편지를 쓰기 시작했다. 지난주 문우들이 머물다 갔던 이곳, 그들의 흥겨웠던 소리가 환청처럼 들려온다. 그녀는 시골집에 올 때마다 친정어머니의 모습을 더듬는다고 했다. 앞에는 개여울, 뒤에는 산이 있는 곳이다. 전원생활을 소원하던 어머니를 위해 3년이나 찾아다니다 마련한

집이다. 몇 해 지내지는 못하셨다고 한다. 어머니가 돌아가시고 여러 가지 여건상 시골에서 살 수는 없어 별장처럼 사용하고 있다. 그래도 자주 들러 텃밭을 가꾼다. 어머니의 사랑이 녹아 있는 집을 쉽게 팔 수는 없지 않겠는가. 고마움을 편지에 담아 화장대 위에 올려놓았다. 동그라미를 그리며 모기향이 반이나 타들어 갔다. 조심스럽게 모기장 틈을 벌려 안으로 들어갔다. 내가 빠져나온 자리를 찾아 누웠다. 창으로 바람 소리가 자장가처럼 들려왔다.

불현듯 잠이 깼다. 옆자리가 비어 있다. 새벽잠 없는 남편이 밖으로 나간 것이다. 마을은 안개 속에 잠겨 있다. 지난밤 마트에서 사 온 토종닭을 솥에 넣어 끓였다. 얼마나 지났을까 압력솥의 추가 달강거린다. 마침 남편이 마당으로 들어선다. 냇물을 따라 걸으며 동네를 둘러 본 모양이다. 이웃 사람과 얘기를 나누었다며 들은 이야기를 전해준다. 오랫동안 비어 있어 폐가나 다름없던 이웃집이 팔렸다는 소식이다. 이제 곧 그 집에도 사람 소리가 나겠지.

문밖 가까이에서 개울물 소리가 들린다. 밤에 내린 비로 하늘은 개운했고 냇물은 흐름이 빨라졌다. 지난밤에는 냇가가 그렇게 가까이 있는 줄 몰랐다. 딸의 팔짱을 끼고 개울에 발을 담갔다. 물속을 첨벙거리다 멈추자 송사리 떼가 모여든다. 어린 송사리들이 딸의 발가락을 건들며 탐색전을 벌인다. 물속을 들여다보던 딸이 송사리 떼가 손님맞이를 하는 거라고 좋아한다. 다슬기가 작은 바위로 기어오르는 걸 보면 밤엔 반딧불이가 날아다니며 꿈을 꾸게 할 것 같다. 이름처럼 아름다운 은구비 마을,

그녀가 언제라도 머물라는 이면계약은 넝쿨을 뻗어간다.

빈집은 작은 새가 이따금 들어와 마당을 쪼다 갈 것이고, 햇살에 익힌 장 항아리를 보듬고 가을을 여밀 것이다. 마루 밑에 쌓아둔 장작도 주인의 인연들을 불러들여 온기를 나누려고 겨우내 기다릴 것이다.

"언제든지 와도 돼."

이삭처럼 주운 말 내 마음 터에 걸어두고 빗장은 걸지 않을 것이다.

마당에 불 밝히고

외딴집이 눈에 들어왔다. 구불구불한 시골 길이 끝나고 산모퉁이 막다른 길에 이르렀다. 반가운 얼굴들이 수돗가에서 푸성귀를 씻으며 웃고 떠드는 소리가 잔치 분위기다. 우리가 당도한 소리를 듣고 안에 있던 안주인이 나와 반색한다.

흙냄새를 맡으며 인생의 정년을 맞고 싶다던 남편 친구가 시골에 터전을 잡았다. 어느 정도 정리가 되었던지 우리를 초청한 것이다. 한참 터를 다질 때 그곳에 간 적이 있다. 그때와는 달리 온 집이 환해졌다.

차가 마당으로 바로 드나들 수 있게 골목길이 넓혀지고 마당도 평평하게 정리가 되었다. 허름했던 안채를 헐어내고 행랑채를 뼈대 삼아 일자형으로 증축된 모습이다. 안채에 가려져 있던 감나무 세 그루가 마당에 내려설 것만 같다. 가지가 휘어질 만큼 가을빛이 영글었다. 텃밭 가까이에 있는 축사도 손질이 잘 되어 갖가지 연장을 넣어두는 창고로 변했다.

"어이!"하고 남편이 친구를 불렀다. 그는 하던 일을 멈추고 연장을 내려놓으며 반갑게 쫓아와 남편 손을 잡았다. 농사꾼이 다 된 손이다. 아예 담이 없으니 집 주변의 고구마밭, 고추밭으로 자연과 하나가 된 느낌이다. 퇴비를 쌓아놓고 농사꾼 흉내는 내보지만, 텃밭에 가꾼 케일, 열무가 부실해 보였다. 서툴다는데, 대견했다. 잔손이 가지 않는 늙은 호박만이 둔덕으로 튼실하게 뻗어가고 있었다. 한편에는 구덩이를 파서 퇴비도 쌓아놓았다.

자랑할 것이 있다며 안주인이 나를 방으로 이끌었다. 통유리 창이 들판 쪽으로 나 있고 황금빛 벼 이삭이 가득 넘실거렸다.

"그림 그리기 좋은 방이지요."

"그대로 커다란 화폭인데요."

나는 그 화폭에 상상의 나래를 폈다. 벼 밑동만 을씨년스럽게 남아 있는 초겨울, 참새 무리가 종종거리다 하늘로 포르르 날아오르는 정경을 상상해본다. 폭설로 길이 끊겨 아무도 내왕할 수 없는 고요에 묻힌 순백의 들판을, 새싹이 움트고 이내 모내기를 끝낸 들녘에 연두색 바람이 살랑거리는 모습을 그려본다. 플라타너스 나뭇잎이 짙푸르던 여름날, 후드득후드득 내리는 소낙비를 맞으며 까닭 없이 가슴 조이던 소녀적 기억에 흔들리고 있을 때, 부르는 소리에 잠에서 깬 듯 마당으로 내려섰다.

마당에 전등을 설치하기 위해 남편과 몇몇이 분주하게 움직였다. 바지랑대에 전선을 끼워 세우고 두 개의 백열등을 달았다. 어둠이 깊어갈수록 마당이 환해졌다. 비닐하우스에서 사용하던 외발 수레를 고정해 널빤지를 얹고 보니 훌륭한 식탁이 되었다. 화덕에선 불꽃을 일으키며 장작

타는 소리가 나고 고기 굽는 냄새가 진동했다. 가을 맛이 밴 푸성귀가 곁들여져 식탁을 풍성하게 했다. 잔을 높이 들었다.

"새집의 건축과 우리 우정을 위하여!"

마당에 모닥불을 피우고 둥글게 자리를 잡고 앉았다. 모닥불 가에 앉으니 친구, 모래사장, 젊음, 파도치던 바다의 화음이 떠올려졌다. '모닥불 피워놓고 마주 앉아서…' 누가 먼저랄 것도 없이 합창이 되었다. 노랫말을 일일이 문서철에 정리해온 친구 덕택으로 반주 없이도 가사를 따라 불렀다.

자연스레 손을 잡기도 하고 어깨동무도 하며 한마음이 되어갔다. 우리들의 노래는 이야기로 바뀌어 계속되었다. 모닥불처럼 타오르는 우정으로 차가운 밤공기에도 두꺼운 옷을 가져다 입고 자리를 지켰다. 잿불 속에 묻혔던 옥수수와 고구마도 김을 내며 구수한 냄새를 풍겼다. 우리는 한밤을 만끽하고 있었다.

우정을 새롭게 다지던 모닥불이 잦아들었다. 목청을 가다듬는 풀벌레 소리를 자장가 삼아 하나둘 잠자리로 들어갔다. 남은 사람 몇몇이 물을 부어 불씨를 재웠다. 매캐한 냄새도 새벽안개에 묻혀갔다.

밤길을 걷다가 어둠 속에서 헤맬 때가 있다. 그때 반딧불이 불빛만 봐도 반갑기 그지없다. 그처럼 잔치 마당의 불빛이 어둠이 깊어질수록 더욱 밝게 느껴졌다. 인생길에서 만난 우리는 어느새 어둠 있는 길목마다 서로에게 마음의 등불을 비추고 있다.

첫사랑을 위하여

친구와 공유한 첫사랑을 꺼내며 가끔 그 시간을 추억한다. 서울에서 휴학 중인 청년이 잠시 내려왔다고 했다. 그에게 입시를 위한 영어 그룹과외 지도를 받기 시작했다. 더위와 잠을 밀어내며 저녁 공부시간을 견뎠다. 황토물에 발목을 적시며 짠물이 배어든 우리에게 선생님은 쪽빛 바다 같았다.

선생님 댁에 우르르 몰려간 적이 있다. 적산가옥 나무계단을 통해 올라간 이 층 방은 간결했다. 범선 한 척이 물결을 헤쳐 가는 그림과 링컨 대통령 사진이 하얀 벽에 걸려있었다. 그는 치열하게 싸울 준비가 안 된 우리를 안타까워했다. 카르페디엠, 너희들의 꿈을 펼쳐라, 좌우명을 제시하고 하루를 쪼개어 적절하게 시간 관리를 잘하도록 요령을 알려주었다.

긴밤을 적시고도 일요일 반나절이 빗소리에 묻혔다. 밤의 수다가 모자라 기어이 점심 무렵 친구와 만났다. 관심사였던 선생님의 선물을 사기로 했다. 옷가게에서 선생님께 줄 녹색 스웨터를 샀다. 직접 건네지도 못하고 방에 두고 왔는데 그는 한 번도 입지 않았다. 입시가 끝나자 선생님은 여러 권의 시집을 나눠주었다. 릴케, 바이런, 하이네, 워즈워즈…. 우리는 아름다운 시를 읽고 감성의 꽃대를 키워갔다. '카르페 디엠'을 외치던 우리들의 키팅 선생님. 그는 휴학을 끝내고 학교로 돌아갔다. 빈 하숙집에는 녹색 스웨터의 기억만 맴돌았다.

부족한 공부로 대학입시를 치렀다. 겨우 들어간 이과대학에서 문학과 거리가 먼 학과 공부는 재미가 없었다. 비커에 담긴 약품을 끓이고 실험 리포트를 써내면서 손에 들었던 시집은 점점 멀어져 갔다.

여기 있으면 거기가 그립고 거기 있을 땐 여기가 그리웠다. 중. 고등학교를 함께 한 친구들과 자주 편지를 주고받았다. 옹달샘처럼 꼭 그만큼의 그리움이 차올랐다. 편지엔 선생님 얘기는 한마디도 하지 않았으나 바람결에라도 선생님의 안부를 묻고 싶었다. 바람은 바람으로 지나갔다. 우리는 결혼을 하고 아이를 낳고, 그렇게 세월이 흘렀다.

평탄하던 어느 날, 남편이 병으로 쓰러졌다. 기력을 찾는데 보낸 시간은 하루하루가 급물살이었다. 나는 지쳐갔다. 그이 옆에서 노심초사하느라 나 역시 병을 앓게 되었고, 일상은 나락으로 굴렀다. 남편은 나를 걱정하며 마음의 휴가를 주었다.

한 사람의 미래를 바꿔놓는 것은 벽에 걸린 돛단배 그림 한 장일 수도 있다. 선장의 꿈을 이룬 어떤 사람은 오랫동안 바다를 헤쳐 가는 범선의 그림을 늘 곁에 두었다고 한다. 먼지 낀 책꽂이에서 하이네의 시집을 찾아냈다. 녹색 스웨터를 놓고 온 하숙집, 선생님 그리고 까마득한 기억 속의 단어와 문장들이 파도처럼 마음에서 넘실거렸다. 나도 그 오래된 벽을 잊지 않았다.

다시 글이 쓰고 싶어졌다. 늦은 나이라는 생각에 수필의 길을 택했다. 다섯 해를 넘긴 그해, 지도교수와 동인들의 도움으로 인증표를 얻었다. 그런데도 시에 대한 미련을 버리지 못해 시 창작교실에 발을 들여놓았다. 발자국을 찍기 시작했고 십 년, 그 길을 걸어 시인이 되었다.

문학은 내게 녹색 스웨터 같다. 첫사랑이다. 첫사랑 같은 시, 첫사랑 같은 수필. 늘 채워지지 않는 혼자만의 짝사랑에 목이 탄다.

잘하는 것이 무엇이냐고 물으면 사실 대답할 게 없다. 하지만 개근상을 타기 위해 성실히 학교에 다녔던 것처럼 오랫동안 '글 창작반'을 기웃거렸다. 그 시간이 좋았다. 다작하지 않았으니 필력이 있을 리는 없다. 다만 시와 수필을 오가려면 늦은 나이에 긴장하지 않으면 안 될 듯하다. 습관처럼 자판을 두들기다 보면 손끝으로 영감이 동아줄을 타고 내려올지도 모른다. 그 꿈을 간직하고 미련스럽게 나의 길을 걷는다.

카르페 디엠 *
'죽은 시인의 사회'라는 영화에서 호라티우스의 라틴어 시 구절이다.
현재 이 순간에 충실하라. 또는 현재를 소중히 여기라는 뜻

하얀 새

숨은 기억 찾기. H의 개인전이 열리는 날이다. 여름 끝자락에 빨간 맨드라미꽃이 불볕의 볏을 세우고, 거친 붓의 터치는 여름의 맥박을 느끼게 한다. 기억과 망각이 뫼비우스의 띠처럼 돌고 돈다. 짙푸른 색채에 끌리듯 한 작품에 다가섰다. 푸른 화폭을 점유한 하얀 새. 내 기억의 한 자락도 날개를 펴고 날기 시작했다.

H는 도예를 전공했다. 작업실이 학교 근처에 있어 종종 들렀다. 초봄쯤이었으리라. 그녀가 좋아하는 커피와 도넛을 들고 조심스럽게 작업실 문을 열었다. 그녀는 내가 다가가는 것도 모른 채, 열심히 물레를 돌리고 있다. 온통 흙을 묻힌 손과 대충 걷어 올린 셔츠, 색 바랜 청바지를 입은 그녀는 건강미가 물씬 넘쳐난다.

탁자 위에 올려놓은 커피 향기에 물레가 멈췄다. 커피 향과 흙냄새가 묘하게 어울렸다. 그때 내 시선을 멈추게 하는 새 한 마리가 보였다. 도자기로 만든 하얀 새. '무녀리.' 그녀는 선반 위 하얀 새를 꺼내 내 손바닥에 살며시 올려놓았다. 내가 지어 준 새의 이름이야. 나를 바라보며 환하게 웃는 그녀가 문득 부러웠다. 흙에 생명을 불어넣는 일이 어떤 일보다 멋지게 보였다. 나는 한동안 하얀 새에 푹 빠져 작업실에 가는 날이 많아졌다. 그녀를 바라보듯 어루만지며 눈을 맞추었다. 그런데 H는 학교를 졸업하자 섬유 디자이너로 항로를 수정했다. 하얀 새가 날개를 접었다.

몇 년이 지났다. 디자인 아이디어가 필요하다며 나를 데리고 이곳저곳 다니며 열정적으로 활동하던 그녀가 갑자기 고향으로 가겠다고 했다. 이유를 물었다.

"선생님이 되고 싶었어."

그녀는 새로운 꿈을 찾아 도시를 떠나기로 한 것이다. 같이 했던 빈자리에 앉아 노랗게 물든 가을의 추락을 본다. 너무 허전했다. 지독하게 쓸쓸했다. 증표로 남긴 하얀 새가 그녀를 대신했지만, 내 마음속엔 빈자리일 뿐이었다. 다시 하얀 새는 그녀 뒤로 날개를 감췄다.

블랙홀, 그날의 통화내용이 그랬다. 꿈결처럼 모든 것들이 무음으로 변했다. 전화에 묻어오는 목소리가 그렇게 절망적으로 들린 적이 있었던가. H의 남편이 교통사고로 시신경을 다쳤다. 순간 그녀가 블랙홀로 빠져 허둥거리는 모습이 선연했다. 그날부터 부부는 사라져가는 빛을 잡으려 안간힘을 쏟았다. 시간이 아프게 지나갔다.

영화 '블랙Black, 2005' 이 영화는 선천적 시각 장애가 있는 주인공이 마음의 빛을 찾아가는 여정이다. 미셸이 처음 만난 단어는 BLACK이다. 블랙은 혼돈이며 절망이라고 느끼는 아이에게 사하이 선생은 시작이라고 말한다. 미셸은 어둠 속에서 절망에 몸부림친다. 하지만 포기하지 않은 사하이 선생님의 사랑으로 세상과 소통하게 된다.

마음의 눈을 뜨자 하얀 새는 날마다 내게 신호를 보냈다. 그녀와 나의 소통이다. 서로의 조력이 필요했으리라. 나무도 비 오는 날의 신호를 재빨리 알아차린다고 한다. 나무가 표피에 물방울을 띄운다. 부풀어 있던 물방울은 빗방울을 끌어당겨 나무의 물관에 물을 돌게 하는 것이다. 그 흐름처럼 하얀 새와 나는 소통하고야 만다.

H는 전라도 벽촌으로 내려가 교사가 되었다. 그녀는 학교생활에 적응하면서 틈틈이 그림에도 열정을 쏟았다. 거듭되는 전시회를 통해 화가로서 탄탄한 자리를 굳혀가고 있다.

그녀가 선물로 준 그림. 배경의 푸른빛에서 새벽을 본다. 새벽을 가르는 날카로운 새의 부리, 빛을 담고 있던 눈, 붓질로 잘게 묘사된 물체가 서로 끌어당기는 움직임에 휘둘림을 당한다. 그림의 주체를 이룬 새들과 마주했을 때, 날고 있다는 믿음을 갖게 하려는 그녀의 집요한 의지를 엿볼 수 있다. 블랙홀에서 빠져나오려는 자신의 몸짓일 것이다. 깊은숨을 들이쉰 새가 잡힐 듯 선명해지는 느낌, 블랙 커튼을 젖히고 환한 빛을 가슴에 담아본다.

블랙은 빛으로 가는 시작점이다. H는 마음으로 소통하는 법을 터득했고 포용의 빛이라고 하는 블랙, 그 안에 웅크리고 있던 무지갯빛을 찾아 날개를 펼쳤다. 하얀 새가 힘차게 날고 있다.

–산책, 기억, 망각, 몽유기행, 창가에서, 새벽. 그녀의 전시회 '숨은그림찾기'에 출품된 작품

연리지 나무처럼

L씨 부부가 휠체어와 함께 연리지 예식장으로 들어섰다. 첫아들의 결혼식이다. 그들의 얼굴은 잔잔한 기쁨으로 상기되어 있다. 주례선생님은 친구의 아들이 개구쟁이 모습으로 골목길을 달려와 인사하던 때를 기억하고 있었다.

"부부란 연리지 나무처럼 결이 닿는 것입니다. 결이 닿도록 서로 배려하고 아끼며 서로가 부모님처럼 사랑하십시오. 그리고 서로에게 감사한 마음을 갖으십시오."

설화산을 끼고 있는 충남 송악면 외암리 민속 마을 돌담길을 걷는다. 낮은 담장 위로 집마다 심어 놓은 밤나무, 은행나무, 감나무들이 색 고운 단풍을 안긴다. 한참을 걸어 담을 휘돌아 나서는데 기이한 형상의 나무가 발길을 잡고 놓아주지 않는다. 팽나무와 소나무의 윗가지가 뭉텅 잘린 채 얽혀 있다. 자신들의 잘린 손을 보이며 담장 밖으로 얼굴을 내미는 것 같아 애처롭다. 그 나무들은 떼어낼 수 없는 연리지가 되었다. 한순간

왠지 남편 친구 부부가 가슴속을 맴돌았다.

젊은 날, 베트남에 파병되었던 그는 비처럼 뿌려지던 고엽제를 맞았다. 그런데 자신도 그 피해자였다는 것을 최근에야 알게 되었다. 그로 인해 신장투석을 하며 늘 얼굴이 부석부석하게 붓고 힘들어했다. 설상가상 하반신까지 마비되었다. 그 일을 겪으면서도 부부는 돌탑을 올리듯 사랑을 쌓아가고 있다. 아니 서로의 결을 더듬어서 하나가 되어가고 있다.

유대인의 「지혜서」 "미드라쉬"에 다윗 왕의 반지라는 글이 있다. 다윗왕은 두 가지 의미를 담은 반지가 갖고 싶었다. 왕은 금 세공사를 불렀다. '내가 큰 승리를 거둬 기쁨을 억제하지 못할 때 자제할 수 있고, 큰 절망에 빠졌을 때 용기를 얻을 수 있는' 글귀를 반지에 새겨 넣으라고 명령했다. 금 세공사는 적절한 글귀가 생각나지 않아 지혜의 왕자 솔로몬을 찾아가게 되었다. 그에게서 '이 또한 지나가리라'라는 명문장을 얻는다. 비로소 반지에 글을 새겨 넣을 수 있었다. 솔로몬 왕자보다 다윗 왕의 지혜가 더 놀랍지 않은가. 자신을 경계할 줄 아는 왕 다운 왕. 오랫동안 가슴에 와닿는 글의 탄생이다.

새롭게 탄생하는 부부는 반지를 건네며 기쁠 때나 병들었을 때도 사랑하겠다고 혼인서약을 한다. 어려움을 끝까지 지켜내기란 쉽지 않다. L씨 부부는 가파른 언덕을 오르고 또 오르는 것 같다. 그러다 발을 헛디뎌 난관에 부닥쳐 있다. 위로 다시 올라서려면 서로 최선을 다해 팔을 뻗어야만 한다. 결이 닿는 순간이다. 결은 곧 길을 내는 것이라고 한다. 처음부터 길이 있었던 것은 아니다. 수많은 발자국이 오가며 길을 내는 것이 아닌가.

그녀를 생각할 때면 늘 경외심이 생긴다. 그들이 지나온 길을 돌아본다. 때로 두려웠으리라. 비바람에 우산이 뒤집혀 흠뻑 비를 맞아 주저앉고 싶은 적도 있었을 것이고 빙판길을 나서는 것처럼 넘어지지 않으려고 더욱 조심한 일도 많았을 듯하다. 그런 그녀의 보살핌은 한결같다. 그 덕택에 L씨는 여러 번 고비를 넘겼다. 남편이 말하기도 전에 불편함을 알아채 그의 손이 닿지 않는 곳에 리모컨처럼 마음이 움직인다. 늦은 나이에 남편을 위해 운전을 배웠다. 그녀는 운전 솜씨 못지않게 요령도 생겨 마비된 그의 몸을 이리저리 척척 이끈다. 눈빛만 봐도 그가 원하는 것에 반사적으로 몸을 일으킨다.

부부는 같은 곳을 바라보고 긴 여정을 함께 한다. 다른 곳에서 성장하던 나무들이 서로 연리지가 되어가며 솔로몬의 지혜를 깨닫는 삶이 아닐는지. L씨 부부를 볼 때마다 외암리 팽나무와 소나무가 무시로 떠오르며 눈시울이 뜨거워진다. 다윗 왕의 반지에 담긴 '이 또한 지나가리라.'라는 글귀를 되새기며 그들에게도 견디는 순간들이 더는 힘들지 않기를, 부부의 길을 곰곰이 생각해본다.

홀로 간 길

장맛비가 바삐 내 앞을 질러간다. K의 부음 소식을 들었다. 그녀가 투병 중인 걸 알지도 못했는데 여러 번 암이 재발하였다고 한다. 꼭 나을 거라는 투지로 자신의 병을 알리지 않고 견뎌내느라 얼마나 혹독했을까. 그 지독한 생각을 곱씹으며 눈물이 차올랐다.

K와의 만남은 아이들이 초등학교 다니던 때부터 결혼에 이른 시간이다. 가까운 산을 찾으며 우린 자주 과천 동물원 뒷산을 오르내렸다. 산은 계절마다 그냥 지나칠 수 없게 발길을 끌어당겼다. 등산로 옆으로 방싯거리는 노란 양지꽃이 몸을 낮추게 하고, 함초롬한 물봉선이 무리 지어 시선을 붙들었다. 부실해진 내 걸음에 미안해하면 K는 잠시 숨 고르기를 하라며 야생화 이름을 따라 부르게 했다. 그렇게 꽃 이름을 다발 지어 안겨줬다.

내 걸음에 속도를 맞추고 맨발로 흙길을 걸어보라는 K의 말에 보드라운 흙을 자박자박 밟았다. 지압한 발을 한동안 물웅덩이에 담그고 나면 머릿속까지 맑아진다. 혼자 나서는 것보다 셋이서 산을 오르면 지루하지 않았다. 같은 또래여서 얘깃거리도 풍성했다. 말을 주고받다가도 얼른 생각이 안 나 더듬거리면 나이 들면 다 그런 거라고 서로를 위로하기도 했다.

겨울에도 한 달에 두 번은 거르지 않고 함께 산을 올랐다. 집안에만 웅크리고 지날 뻔했던 그 시간, 겨울 산에 들면 하얀 눈꽃 덕분에 생각은 깊어지고 마음은 푸근해졌다.

산에 들면 쉽게 내려오지 못해 점심준비로 각자 먹을거리를 준비한다. L이 도맡아 김밥을 마련하고 K가 보온병에 뜨거운 물을 챙겨왔다. 간단한 식사 준비를 하지만 간혹 음식이 남게 되면 버리지 못하게 하고 분배를 했다. 우리도 알뜰한 모습을 닮아갔다. 또 개인 컵을 선물하는 바람에 배낭에 잊지 않고 컵을 챙기게 되었다. K는 제 잔의 원두커피 향을 음미하며 커피를 마신 후엔 입안에 감도는 커피 향이 달아날까 봐 사탕 한 알도 입에 넣지 않았다.

무심히 그녀는 지갑 안쪽에 넣어 둔 사진을 꺼내 보였다. 하얀 웨딩드레스를 입은 스무 살 중반의 아름다운 신부였다. 그녀를 바라보았다. 그녀가 지나온 시간에 잠시 머물렀다. 빛바랜 사진, 흘러간 내 젊은 날도 함께 있었던 순간이다.

그녀는 가끔 친정 식구와 여행을 다녀온다고 했다. 그때마다 산행을 중단했다. 세 모녀의 여행이라 다복하고 부러웠다. 한동안 먼 곳에 갔는지 두어 달을 만나지 못했다. 기다리다 어렵게 통화를 했는데 몸이 좀 아프다고 했다. 병문안을 가겠다는 말에 곧 산에서 만날 건데, 하며 연락이 끊겼다. 돌이켜보니 K가 간혹 멍하니 있거나 길눈이 밝은데도 산에서 방향을 잃고 허둥대던 적이 여러 번 있었다. 나이 탓이라고 놀리면 말없이 웃고 말았던 그녀. 그 무렵 수술한 뒤 얼마 안 되었거나 이상 증후가 있던 때였던 것 같다.

그녀의 병은 뼈로 전이가 되자 돌이킬 수 없게 되었다. 그때가 무척 힘든 시기였다고 아이들이 전했다. 통증이 얼마나 심했던지 휠체어에 앉아 눈물로 날을 새기도 했다고 한다. 그녀에게 버팀목이 되어주지 못해 미안했다. 많이 아프다고 말이라도 해주었으면….

오후 네 시면 우리는 하산을 서둘렀다. 생각해보면 아픈 그녀가 성한 가족을 위한 저녁 준비로 서두른 귀가였다. 아이들은 엄마의 피아노 소리에 어린 시절을 보냈고, 집안에 먹 향내를 들여놓고 곱게 나이 들어가는 엄마를 보아왔다. 그녀가 오븐에서 구워낸 쿠키 냄새를 맡으며 집안으로 들어올 때마다 마음이 놓이던 아이들, 그 아이들이 엄마의 향기를 잃어버릴 것 같아 조바심이 난다. 그녀의 빈자리에 무엇이 남아있을까. 익숙했던 일상을 떠나보내는 일이 낯설어 안으로 울어야 할 아이들, 울컥 넘어간 슬픔이 엄마의 빈자리에 자리를 잡을 것이다.

K는 노심초사 보살피던 아이들의 혼사를 치르지 못한 채 떠나갔다. 자신보다 더 아름다운 신부로 꾸며주고 싶었을 딸아이를 어떻게 남겨두고 갔는지. 조용하게 미소 지으며 엄마의 자리에 앉아야 할 그녀가 가족의 손을 놓고 말았다.

많은 시간을 함께했는데, 유독 웨딩드레스의 화사한 모습이 선명하다. 그녀의 바람처럼 내 기억 속에서 그 커다란 눈망울로 보일 듯 말 듯 웃고 있다.

비가 세차게 내린다. K를 보내야 하는 시간이다. 한 줄기 연기로 사라져가는 그녀의 이름을 가만히 불러본다.

저울에 추를 올려놓던 시간

여름이 익어간다. 강원도의 달빛에 젖는다.

큰 시누님 댁에서 강원도에 별장을 짓고 친정 식구들을 초대했다. 어림잡아 스무 명 남짓.

어린시절, 조카들은 아우가 생길 때마다 외가에 와 살았다. 동생에게 엄마를 빼앗긴 아이는 외할머니의 마음도 놓칠까 봐 들로 나설 때마다 앞질러 달렸다. 할머니의 호미를 따라 밭고랑을 더듬으며 조그만 눈으로 자연의 의미를 알아갔다. 어느결에 엄마의 빈자리에도 들녘의 보리향기가 들어앉는다. 때때로 벼가 몸 부대끼며 자라는 자연의 소리를 들으며 벼 이삭이 고개를 주체하지 못할 때쯤, 외가는 다시 가을 타작으로 바빠지고 이내 겨울이 온다. 눈이 오지게 내려 문밖출입이 뜸해지는 겨울, 외할머니의 손이 바람을 재우듯 엄마에 대한 그리움을 가라앉혔을 것이라고 짐작해보는 것이다.

결혼 후에도 조카들은 어린 날을 회상하며 외가에 아이들을 데리고 다녔다. 그래서 방학이 되면 시댁은 조막만한 손님들로 아수라장이 된다. 일탈을 꿈꾸며 어죽을 좋아하는 조카들과 작정을 하고 냇가로 천렵을 나간다. 손윗동서와 아주버님은 찬거리와 양은솥, 드럼통을 잘라 만든 화덕을 경운기에 싣는다. 경운기에 올라탄 아이들은 울퉁불퉁한 둑길을 지나며 깨알 같은 웃음소리로 냇가를 들썩인다.

물고기는 떼 지어 방향을 바꾸느라 아이들과 함께 소란하다. 햇빛은 부챗살을 펴며 냇물을 간질인다. 잡아 올린 피라미, 동자개, 메기가 양동이를 벗어날 듯 튀어 오른다. 질부들과 함께 화덕에 양은솥을 걸고 얼큰하게 고추장과 된장을 풀어 한소끔 끓인다. 양은솥에 물고기들을 좌르륵 쏟아붓는다. 한참을 끓인 후 호박과 수제비를 떠 넣는다. 비탈에 심은 달래를 한 줌 뽑아 양념한 후 양재기에 한 그릇씩 떠안긴다. 잔치 마당이다.

아이들은 눈만 뜨면 냇가로 나갔다가 고무신에 물을 뻘꺽거리며 모래를 묻힌 채 돌아온다. 윤이 나게 길들인 마룻바닥은 발바닥에 딸려온 모래 때문에 윤기를 잃는다. 시어머님의 공들인 시간을 순식간에 뭉개놓는 것이다. 시어머님은 한차례의 소동을 비질과 걸레질로 마무리하고 두레상 앞에 둘러앉은 아이들 곁으로 다가앉으신다. 밥숟가락에 푹 삶은 닭고기를 찢어 얹어주느라 손이 바쁘다. 촘촘히 둘러앉은 아이들 젓가락질에 더운 김이 묻어난다. 청국장 뚝배기에도 누군가 수저를 꽂자 서로 시샘하듯 바닥을 보인다.

집안은 불기운으로 화끈 달아오르고 있다. 마당에 걸어 놓은 양은솥은 입술을 달싹이고, 가마솥도 더운 김을 쏟아내고 있다. 두둑에 앉아 있던 고구마를 줄줄이 끌어내고 찰진 옥수수도 수북하게 삶았는데 함지박에는 껍데기만 남았다. 아이들은 맹꽁이처럼 둥근 배를 내밀며 저울로 달려가 줄을 섰다. 아주버님은 저울에 아이들을 번쩍 안아 올려놓고 몸무게를 단다. 편식을 고치려는 아주버님의 묘수에는 당하지 못하는 것이다. 경쟁에 지지 않으려는 몸짓 때문에 저울은 눈금을 바들거리고 기어이 추를 하나씩 더 올려놓아야 한다.

몸무게를 달며 소란스러운 일과를 마치면 어른들에게 재미를 주는 일이 또 있다. 장기자랑 시간이다. 제일 어린 손자가 서태지의 '난 알아요'를 부르며 몸을 비틀 때면 절정이다. 숫기가 없는 아들은 노래 솜씨를 듣고 싶어 하는 내 기대를 저버렸다. 아쉽게도 몸을 빼고 뒤로 나앉았다.

아이들은 사나흘 냇가로 뛰어나가 천둥벌거숭이가 된다. 화덕리에서는 학원도 공부도 잊고 열심히 놀기만 하면 된다. 며칠 후 아이들은 구릿빛 문신을 새기고 집으로 돌아간다. 순식간에 시골집은 정물처럼 조용해진다. 떠들썩했던 한여름, 조카들이 그려놓은 수채화다.

사랑채 옆에서 저울대가 녹슬어 가고 있다. 저울대 앞을 오가며 아이들을 안아 올리던 아주버님은 사랑의 추를 놓던 기억에 젖는다. 시어머님 치마폭에 감싸던 사랑, 깨알같은 웃음이 울안에 맴돈다.

마음속 유화 한 점

광석이 아저씨는 날염 공장에서 무늬를 찍는다. 우리 집 뒷마당에 지은 창고가 그의 일터다. 긴 나무작업대에 둥글게 말린 천을 풀어가며 새벽부터 밤늦도록 서넛의 청년들이 물감을 찍기 위해 줄을 선다. 그들이 줄을 잘못 서거나 딴생각이라도 하면 무늬는 풍선을 놓치기도 하고 포도송이가 달아나기도 하지만 서너 번씩 틀을 바꿔가며 물감을 탁탁 훑어 내릴 때마다 아이들 꿈이 오롯이 투사 된다.

나비가 팔랑거리며 장다리꽃에 앉는다. 민들레 갓털은 방망이를 흔들며 날아가고 돛단배는 물결을 헤치고 바다로 우리의 희망을 저어간다. 무늬를 놓던 나비는 아이들 어깨에 앉았다가 전봇대에 무지개 꿈을 걸어둔다.

여름이 다가오면 원단에는 딸기나 돛단배, 수박을 주로 날염한다. 시장에 가면 옷가게마다 알록달록한 무늬의 러닝셔츠가 수북이 쌓여있다. 저렴하면서도 배만 가려도 좋을 한여름 아이들의 옷이기 때문이다.

작업대에 펼친 옷감의 무늬가 예쁘게 찍히면 롤에 되감기를 한다. 작업을 마무리하면 아저씨와 청년들은 물감으로 얼룩진 살갗을 휘발유로 씻어낸다. 나는 휘발유 냄새로 메슥거리는 속을 참으며 창고 안을 자꾸만 들여다본다. 일이 끝난 아저씨 자전거 뒤에 타고 골목길을 내달릴 수 있기 때문이다. 철이 없어 아저씨가 얼마나 고단한 삶을 살고 있었는지, 왜 엄마는 야단을 치셨는지 알지 못한 날들이다.

어떤 날, 아저씨는 무늬가 어긋나게 찍힌 옷감을 자전거에 싣고 장터로 갔다. 파치가 된 원단 뭉치를 값싸게라도 팔아야 해서다. 그날따라 아저씨가 늦도록 돌아오지 않았다. 까무룩 잠들 무렵, 엄마의 걱정하는 소리가 방안으로 들어왔다. 방문을 열고 고개를 내밀었다. 한 손으로 자전거를 잡은 채 아저씨가 흙투성이로 서 있었다. 넘어져 앞니가 빠지고 얼굴도 긁힌 채…. 놀란 가슴에 나는 자전거 타기를 그만두었다. 그 후 광석이 아저씨의 웃는 입속에선 금니가 번쩍거렸다. 한 시절은 빠진 이 사이를 흘러 그의 말 없는 날들이 지나갔고, 어느 날인가부터 아저씨는 다시 알사탕을 손에 들려주고 자전거를 태워 골목을 한 바퀴씩 돌아 주었다.

광석이 아저씨 선보는 날이었다. 외숙모가 착실해 보인다며 친정 쪽 아가씨를 중매하셨다. 아저씨는 혼자 나서기 쑥스러웠던지 나를 데리고 바닷가 '비인' 마을로 선을 보러 갔다. 그날 둑길에서 아가씨들과 마주쳤다. 그녀들은 몸빼 바지에 갯벌 흙을 묻힌 채, 바지락 함지를 머리에 이고 걸어오고 있었다. 선을 보려던 아가씨도 함께 있었다는 걸 아가씨 집에서 알게 되었다. 그녀는 집에서 아저씨를 만나자 얼굴이 새빨개졌다. 아저씨도 흰 와이셔츠와 넥타이가 어색한지 자꾸만 헛기침했다. 충청도 비인에 다녀온 후, 한 달도 채 안 되어 아저씨는 약혼했고 우리 집에 그 아가씨가 인사를 왔다.

삐뚤어진 무늬처럼 어긋나는 일도 많았지만 성실한 광석이 아저씨는 비인 바닷가로 장가를 갔다. 장가가는 날, 플래시를 터트리자 아저씨 금니도 제 색을 발했다. 머리에 반지르르하게 기름을 바른 낯선 아저씨가 개펄을 건너온 아내의 초록 저고리에 팔을 두르고 있다. 그 아내의 옷자락을 잡은 아저씨는 휘발유 냄새를 지우고 색 고운 웃음으로 행복을 날염한 날이었다.

자전거를 태워주던 아저씨가 엄마의 앨범 속에서 멋쩍은 웃음을 웃고 있다. 가끔 친정에 가면 엄마의 앨범을 펼친다. 그때마다 나는 일곱 살 천진한 아이로 돌아간다. 내 어린 일곱 살 웃음소리가 그립다.

백색 등을 켜면

빛을 포기하지 않은 날개들이
수술 방 앞에서 분주하게 날아다닌다
마음 둘 곳을 찾느라
모니터 앞으로 몰려든 나방들의 날개에 나를 얹는다
수술이 임박해지자 불빛을 읽어간다

메스가 수술대 위를 건너뛰면서
가닥가닥의 신경줄들이 사인을 보낸다
수술준비중, 수술중, 사망
절망도 통곡도 부질없는 일

불빛에 다가가 날개를 부딪치고 떨어지는 은빛 가루들
그 방엔
나방들이 비비고 떠난 살가루가
주검으로 실려 나가고
불빛을 읽어내지 못한 숫자들이 늘어간다

백색 등이 켜지고, 해체했던 시간은 봉합되지만
꿰맬 수 없는 살점들은 빛을 잃고
허공에 떠다니는 통곡으로 남겨진다
문은 침묵 속으로 격리되고

초조해진 날개들이
불빛으로 몰려든다

아직은 수술 준비 중
나의 심장이 깜빡인다.

침목枕木

오랫동안 철길에 누워 있었다. 가끔 눈을 돌리면 민들레나 씀바귀 꽃이 먼지를 쓴 채 손을 흔들었다. 속도가 튕겨내는 돌멩이에 이마를 부딪치기도 했다. 장맛비에 푹 젖어 한쪽 귀를 잃어버리자 소리가 속력을 내도 둔감해졌다. 팔월 햇볕에 바스라지고 쩍쩍 갈라졌다. 이제 할 일을 마치고 순례의 길로 나선다. 철길에서 몸을 일으켜 세우고 숲에 들어와 푸르게 어우러지던 날, 몸에 절은 기름기 뱉어내며 산의 등뼈가 되어 자근자근 밟아주는 발길에도 흐뭇했다. 어디선가 수군대는 소리가 들려왔다. 개미나 벌레들이 갉아대는 대로 내맡기며 때가 되면 흙이 되고 싶었는데, 숲에서도 퇴출이라는 말을 뱉어낸다. 하혈을 하며 기름기를 쏟아내는 폐궁의 몸. 산을 잉태할 수 없는 폐목들이 버려진 공터에서 길들은 숲을 내주지 않는다. 침목은 침묵중이다.

3장

기억을 인화하다

라우리안Laulian

문화살롱 '라우리안'. 유리문을 밀면 기척을 보내는 작은 종소리와 신선한 원두커피 향이 숨을 터준다. 낡은 책과 오래된 음반, 악기들을 보며 마음에 촛불을 켠다. 인문학, 음악, 미술을 통해 인생을 고민하며 담론을 나누는 공간이다.

한 달에 두 번 독서모임에 참석하는 회원의 눈인사가 오간다. 책을 읽고 느낌을 전하기도 한다. 잘 정리된 이야기를 듣다 보면 내 서가에 몇 권의 책이 또 꽂힌다. 읽고 싶은 책이 늘어간다. 한 번도 생각해 본 적 없는 질문이 스스럼없이 꼬리를 물고 예정된 시간을 훌쩍 넘기고 만다.

때로는 일어서기 아쉬워 음악에 젖는다. 즉석에서 아코디언과 악기들이 튜닝을 한다. 축음기에 SP*판을 올리고 태엽을 감는다. 이미자의 '동백 아가씨' 노래가 빠른 속도로 과거로 돌아간다. 재즈와 아코디언, 기타 연주가 삼합처럼 물결을 탄다. 색다른 밤이 깊어간다. 오감이 깨어난다. 나는 아득한 가설극장에 와 있다.

어릴 적, 공설운동장에 천막을 친 가설극장이 서곤 했다. 그 천막 안은 또 다른 세상이었다. 천장 가까이 장대를 들고 비틀거리듯 균형을 맞추는 곡예사. 외줄 타는 아슬아슬한 장면을 보고 긴장감으로 목이 탔다. 북소리, 꽹과리, 원색의 의상. 아이가 느끼기엔 가슴 벅찬 일이었다. 무성영화를 돌리던 변사의 목소리가 사람들을 웃기고 울렸다. 설렘과 흥분을 안고 들어서던 천막 안. 그때의 감동이 라우리안에서 다시 펼쳐진다.

공간은 늘 진화한다. 인문학 강의가 있는 날에는 서로 다른 생각들이 허공에서 부딪치고 강의에 열중한 교수의 눈빛도 진지하게 반짝인다. 하얀 화면을 내리고 명화감상 시간도 갖는다. 전문큐레이터의 설명으로 화면에 시선을 맞추며 모네와 르누아르가 찾아낸 빛의 시간에 합류한다. 시시각각 달라져 보이는 색채에 사로잡힌다.

시 낭송이 있던 밤에는 백여 명 남짓 사람들이 어깨가 맞닿아 무대와 구분이 없었다. 시의 음보를 떼며 윤동주의 별을 촘촘히 가슴에 심는다. 곽재구의 '사평역에서' 뜬금없이 폭설에 갇히고, 한 번도 가본 적 없는 대합실 톱밥 난로 앞에 우리를 모여 앉게 한다. '막차는 좀처럼 오지 않았다. 대합실 밖에는 밤새 송이 눈이 쌓이고, 청색의 손바닥을 불빛 속에 적셔두고' 그리웠던 순간을 호명하듯 내 사연을 뒤적이게 한다. 눈물 한 줌 톱밥 난로에 던져두고 좀처럼 오지 않는 막차를 기다리는 먼 시간에 머무르게 한다. 삽화처럼 그려놓는 언어의 유희에 빠져든다.

여덟 평 남짓 별실은 작은 화랑이다. 그림, 도예, 기타 작품 등이 그곳을 거쳐 간다. 자주 미술을 접하지 못하는 내게는 행운이다.

신호등을 테마로 유화가 걸린 날에는 좀처럼 그림 앞을 떠나지 못했다. 비에 젖은 빨간 불빛에서 보내는 신호 때문이었을까. 정지선에 멈춘 채, 빨간 불에 갇힌 꿈을 꾼다. 답답해서 참을성이 없어진다. 다행히 조급증에 서성거리는 나를 파란불이 길 터주며 진정시킨다. 직진과 정지를 주고받던 불빛은 질서를 깨우치게 하고 떠났다.

라우리안은 무명의 천막을 친 가설극장 같은 곳, 마음 놓고 웃을 수 있는 곳이다. 생각을 나누고 채워주는 이 공간이 나는 좋다. 함께한 사람들의 생각을 알 수는 없다. 이들이 무엇을 느끼고 가는지도 각자의 몫이다. 다만 서로가 내는 음색이 조화를 이루는 곳, 서로 경적을 울리지 않고 신호를 잘 지키면 된다. 오늘도 나는 영혼을 튜닝하며 라우리안 샘물을 긷는다.

문화살롱 라우리안*
건강한 놀이문화의 대안을 생각하고자 2004년 10월에 오픈한 비영리 순수 문화예술 공간이다. 커피향기와 문화 애호가들의 따뜻한 마음이 있어 영혼이 튜닝 되는 아지트다. 아주 낮고 아름다운 소리로 지역문화예술의 작은 바로미터를 실현하기 위해 문을 열었다.

SP* 음반(standard play):SP 음반은 1분간 78회전 하지만, LP 음반은 1분에 33-1/3 회전을 한다.

거제에서 수국을 만나다

바람이 좋은 날, 오랜만에 테라스에서 시집을 읽는다. 갈피에 눌러 놓았던 수국 꽃잎이 하늘거리며 떨어진다. 조심스레 머문 페이지에 다시 넣어 둔다. 꽃이 질 때까지 일곱 번의 색깔로 바뀐다는 수국, 변심보다는 진심이라는 꽃말이 좋다.

시인이 되는 아픈 꿈을 오래 꾸었다. 어떤 문 앞에서 오래 서성였다. 문 안에 있는지 문밖에 있는지도 잘 알지 못했다. 어느 순간 문을 열었다. 활짝 열렸다. 마침내 나는 시인의 문 안으로 들어선 것이다. 어쩌면 시는 내 안에서 오랫동안 침묵하며 때를 기다렸는지 모른다. 내가 찾아와 주기를, 한 줄의 시로 기꺼이 위로해 주기를….

초여름의 거제는 푸른 수국이 지천이었다. 남쪽 바다를 닮은 푸른 꽃. 하늘, 물빛, 꽃이 어우러지는 거제에서 문학 행사가 열렸다. 시문학 문우들의 문학기행과 새내기 시인들의 등단식을 겸하는 행사다. 시인으로서 첫인사를 하는 날인데 자리에 앉기도 전에 가슴이 울렁거린다. 마음을 진정시키러 밖으로 나갔다. 거제의 푸른 바다가 눈앞에 가득하다. 눈을 감았다. 바다 냄새, 바람 냄새…. 심호흡을 크게 했다. 잘 할 수 있을 거야.

난독증에 걸린 듯 나는 좀처럼 시를 읽을 수가 없었다. 시도 쉽게 자신을 보여주지 않았다. 보이지 않는 힘에 이끌려 무작정 길을 나섰다. 쉽지 않은 길이다. 넘어지기도 하고 가는 곳마다 상처투성이다. 하지만 그 상처에서 때론 꽃잎이 떨어진다는 걸 한참 지나서야 알게 되었다. 시는 그런 것이다. 시간을 견뎌야 하는 인내, 한 줄의 시가 떠오를 때까지.

마음을 가다듬고 행사장 안으로 들어섰다. 원형 테이블에 시인들이 자리를 채웠다. 원탁은 하나의 커다란 수국이다. 꽃이 예쁘다고 여기저기서 칭찬이 쏟아진다. 누군가 꽃의 출처를 물었다. 주민들 꽃밭마다 몇 가지씩 잘라왔다고 한다. 시문학 문우이며, 행사를 준비하는 지역 보건소장님이 한마디 거든다. 마음을 나누는 거죠. 주민들이 기꺼이 꽃밭을 내주셨어요. 한순간 꽃불이 가슴에 심지를 세운다.

원로들과 한자리에 앉아 있는 것이 어색하다. 하지만 그들과 함께 있는 내가 대견스럽기도 하다. 이런저런 생각에 머뭇거리는 사이 시상식이 시작되었다. 내 이름을 불렀다. 누군가 꽃다발을 안겨주었다. 몸이 중심에서 흔들리며 눈물이 났다. 조명이 밝지 않아 다행이었다.

K총장님의 특강이 이어졌다. 앞으로 문학이 걸어야 할 4차원의 길을 제시해 주셨다. 삶의 철학이 녹아 있는 강의, 노년에 '풍장의 꿈'으로 소설 부분을 다시 굴착한 만년 청년임을 확인했다. 앞으로 경계 허물기 또는

새로운 경계 만들기 작업은 계속될 것이고, 그 속에서 '나의' 문학과 철학이 더욱 자유롭게 소통할 수 있는 날이 오리라 기대해 본다.

시 낭송의 시간이다. 참가한 시인들 모두 아름다운 목소리로 낭송하고 낭독했다. 웃음이, 눈물이, 아프고 더러운 것조차 시가 되었다. 의미를 담은 짧고 긴 단어와 문장들이 허공에 쏟아졌다. 내 차례가 되었다. 다리에 쥐가 나고 목소리까지 흔들린다. 어떻게 시를 낭송했는지도 모르게 시간이 지나갔다. 늦깎이 새내기의 등단 신고를 어렵사리 끝냈다. 모두 격려의 박수를 보냈다. 연이어 가곡으로 잔치를 빛내주신 노시인의 모습에서도 아름다운 꿈을 보았다. 세월 속에서 농익은 음악과 시의 힘이다. 한순간 시인들이 꽃송이들로 어우러졌다.

시인들은 서로 마음이 통했다. 문학을 선택해 온 삶은 그들의 숨결까지 시로 가득 차게 만들었다. 부끄러웠다. 지금보다 더 낮아지고 담담하게 시의 길을 다져 가야 한다. 그 길은 더 아프고 험난해야 한다. 시의 길이기 때문이다. 시인의 길이기 때문이다.

소쿠리의 마른 꽃송이들, 풍욕도 끝냈지 틀어 올린 빛의 대궁 잘라 제대혈로 간직해두었어. 환절기엔 곧은 레일을 따라가도록 바퀴에 신경을 쓰지 계절의 선로마다 가쁜 숨표들 불꽃이 튀고 미열이 생기곤 해 야윈 바람의 얘기에 귀를 열곤 하지 썰물이 벗어 놓은 물골에서 피뿔고둥을 주워 그리움을 불다가 밀물로 만선을 꿈꾸는 바다와 춤을 추거나 외진 길 굽어든 그가 창가에 걸터앉아 틈을 엿보기도 한다는데.

바람의 길로 탁발을 나서는 나도 환절기엔 뜨겁게 우려낸 누군가의 계절을 넘보곤 하지 노을에 줄기세포를 이식할 거야 말아 올린 꿈을 말간 유리병에 한 소절씩 불러올 거야 붉은 장미꽃이 오월의 축제를, 꽃멀미가 나던 날들을 생각하게 되지 해당화가 섬의 입술을 여는 동안 갈증이 가라앉고 노란 산국의 자잘한

꽃송이들 가을 단추 풀겠지 오수를 깬 수련은 절집에 깃들던 종소리 꺼내듯 붉은 시간 뉘엿뉘였 옮겨 심겠지

빛의 언어로 되돌아오는 계절들

-〈시간의 소쿠리〉 전문

푸른 수국이 바람에 흔들린다. 세포를 잘라내듯 소중한 시간이 마음에 뿌리를 내리려는지 꽃 같은 웃음이 새어 나온다. 행사에 사용했던 수국을 나누었다. 물에 담그면 뿌리를 내린다고. 수국은 다른 꽃밭을 꿈꾼다. 시인들은 각자의 공간에서 만개하는 수국을 상상하며 거제를 떠나고 있다.

기억을 인화하다

궁남지의 연꽃은 환한 모습으로 우리를 반겼다. 넌출 거리는 잎사귀와 형형색색의 연꽃들이 물 위로 고개를 내밀었고 강렬한 햇빛은 수면 위로 미끄러졌다. 청개구리도 축제에 들떠 손님맞이를 하는지 연잎 위를 옮겨 다니며 물방울을 튕겼다. 그때마다 작은 물살이 물 위에 파문을 그렸다. 아직 피지 않은 백련의 꽃봉오리에 눈길을 보낸다. 한순간에 몸을 열기 위해 파장을 겪고 있을지도 모른다. 노랑어리연의 자잘한 사연에도 귀를 열고 싶다. 연꽃 향기에 취해 걸음을 뗀다.

마곡사란 이정표가 발길을 붙잡았다. 낮의 더위도 바람결에 한풀 꺾이고 검표원도 자리를 떠난 해거름이었다. 때마침 긴 여운을 남기는 종소리가 산사에 울려 퍼졌다. 법복의 무게에 실린 저녁 종소리, 먼지에 젖은 하루가 녹아내렸다. 나는 순화되어가는 정제의 시간에 서 있었다.

세월이 묻어난 단청은 빛바래고 단아해 보였다. 오랫동안 사찰 주위를 맴돌며 탑돌이 하던 저마다의 염원이 켜켜로 내려앉아 스며들었을까. 마침 들려오는 낭랑한 독경과 목탁의 맑은 음색이 어우러져 법당 마당에 서성이는 내게 깨달음을 주듯 찾아들었다. 경내 한가운데의 오층석탑은 이색적인 상륜을 이고 있다. 마치 모자를 쓴 듯하다. 그 앞쪽으로 가지를 옆으로 길게 늘인 향나무가 눈길을 끈다.

예불 소리를 들으며 잠시 눈을 감았다. 향 내음과 바람 소리가 어울려 다른 세상으로 들어가는 느낌이었다. 순간, 아버지에 대한 그리움이 잔잔하게 일었다. 마곡사에 들어서면서 세월의 무게를 안은 아름드리 적송이 반길 때만 해도 미처 아버지의 사진을 기억해내지 못했다. 빛바랜 사진 한 장의 기억, 양복 차림에 중절모를 쓴 멋진 모습의 아버지는 여섯 살 언니의 손을 잡고 오층석탑 옆에 서 계셨다. 가끔 아버지를 떠올리면 하얗고 고른 치열을 보이며 환하게 웃던 모습으로 다가선다. 그리고 시샘하며 친구처럼 지냈던 세 살 터울의 그리운 언니.

야속하게도 언니는 서른을 넘기지 못하고 우리 곁을 떠났다. 그 후 아버지의 마음은 그늘로 한 해 두 해 짙어만 갔고, 한편으로는 언니를 잊기로 하신 듯 내리사랑이 되어 내게 건너왔다. 내가 결혼을 하고 첫아이를 낳자 아버지는 외손녀에게 고스란히 정성을 쏟으셨다. 매일 아침결에 버스길로 오셔서 아이를 돌봐주셨다. 가실 때가 되면 주무시라는 말에 손을 한번 잡아주시고는 "내일 오마."하고 휑하니 돌아서셨다. 그럴 때면 은근히 속이 상했다. 또 오신다는데도 말이다.

아버지가 떠오른 건 우연일까. 나는 아버지가 서 계셨던 그 자리를 어림

하며 탑 옆에 기대어 섰다. 바람 한 줄기가 가슴을 훑고 지나갔다. 아버지! 하고 부른 듯한데 소리는 안으로 잠겨 들었다. 정지된 순간들은 언제든지 나를 통해서 화석처럼 남아 있다. 가슴을 두드리면 다시 돌아가는 활동사진이 되어 아버지의 다정한 눈빛이 가까이 다가오는 것이다.

세월이 내게 나이테를 안기듯 갈피마다 아버지의 파장이 나를 독려하기도 하고 엄한 채찍을 들기도 한다. 데자뷔처럼 오래전 아버지 손을 잡고 와 본 적이 있는 것 같다. 해거름 범종 소리에 내 그리움을 덧입힌다.

잘피 숲을 만나다

고군산열도와 손잡고 있는 장자도. 그곳에서 바다 살리기 행사가 있어 참가했다. 장마가 계속되어 일정을 미뤘으나 그날 아침에도 비가 내렸다. 두 대의 버스에 탔던 사람들이 선착장에서 팀을 나누었는데 남편과 나는 마지막 작은 배에 탔다. 쾌속정은 장자도로 향했다. 배가 속력을 낼수록 바다는 우리를 흔들어댔다. 물벼락을 피해 선실로 들어갔다. 파도는 손바닥만 한 유리창을 할퀴며 이제는 갈 곳이 없다는 듯 으름장을 놓았다.

피서객이 물러난 바다는 휴가다. 섬은 젖어 있고 비는 낮은 음계를 밟으며 모래톱으로 스며들었다. 주민과 함께 자루와 집게를 들고 섬 주변으로 흩어졌다. 나도 천천히 남편과 걸음을 옮겼다. 동네를 돌아나가는 길모퉁이를 지날 때였다. 못 쓰게 된 어구들이 눈에 띄었다. 버려진 것처럼 보였다.

남편과 함께 폐그물을 잡아당겼다. 돌 틈에 오래 누워 있었는지 쉽게 일어날 것 같지 않다. 오기를 부린다. 그물 가닥을 맞잡고 마지막 힘을 주자 낡은 그물은 기억을 일으키려는 듯 기지개를 켰다. 찢기고 엉켜있었다. 실팍한 무게와 기억이 빠져나간 구멍, 어부들이 붙들고 있던 삶이 고스란히 녹아 있는 듯 비바람에 어룽거렸다.

출렁이는 바다를 짚으며 배가 귀항하는 환청을 듣는다. 오방색 깃발이 들쭉날쭉 포구 언저리로 다가선다. 십 리 밖에 귀를 열어둔 식구들은 낯익은 깃대가 펄럭이자 뱃전에서 손을 흔든다. 소란한 마중으로 섬은 들썩인다. 먼 바다로 나가 온몸에 소금 꽃이 피며 만선을 꿈꾸던 나날, 가장의 억센 팔에 어린 것을 안고 하루의 닻을 내린다.

하얗게 부서진 부스러기들이 떠밀려와 있다. 무엇의 쓰임새였는지 형체도 알 수 없는 쓰레기들을 본다. 문득 헛된 것을 쫓다가 막막한 곳에 표류한 나를 만나고 있다는 생각이 들었다. 그처럼 뒤엉키다 부서져 내 '시간의 그물'을 삭이고 있는 것은 아닌지.

섬을 반쯤 돌았을까. 폐그물과 부스러기들, 떠밀려온 나무 조각, 망상까지 꾹꾹 눌러 담은 자루가 터질 것만 같다. 그것들이 자루 옆구리를 불쑥 찌르고 뛰쳐나올 듯싶다. 망상이란 녀석이 들쑤시는 중이라고 자루의 주둥이를 비틀어 묶는다. 마저 섬을 돌아보는데 소나기가 퍼부었다. 집게를 내려놓고 비 가림 헛간에 모여들었다. 모두 뿌듯해하며 빗속의 환담이 오간다. 모아놓은 자루를 보고 있으려니 종기를 짜낸 것처럼 몸이 가볍다.

바다 살리기 운동본부에서는 해마다 바다 청소를 하고 있다. 그런데도 쓰레기는 대책 없이 밀려들어 오고 있다. 외국 상표를 붙인 쓰레기까지 섬에 흘러들어온다. 태평양엔 이미 쓰레기 섬이라는 거대한 섬이 생성되었다. 그 쓰레기는 파도에 잘게 부서져 각종 어류가 먹이로 삼켜 심각한 질병의 숙주 역할을 하고 있다. 섬사람들의 생계를 거머쥔 바다가 몸살을 앓고 있다.

청정지역, 장자도. 그곳에 생태계 복원으로 '잘피(거머리말) 숲을 만든다. 수심 5m 이하 연안의 모래나 펄에 사는 잘피는 광합성을 통해 산소를 생성해 지상의 숲보다 세 배나 많은 탄산가스를 소비하고 그만큼의 산소를 만들어내어 바닷속 생물들을 숨 쉬며 살 수 있게 만들었다. 해수유동을 완화해 모래와 진흙의 이동도 방지한다. 그 잘피 숲은 작은 물고기들 은신처가 되고 산란장이 된다, 어족자원이 풍부해지고 맑아져 다시 찾고 싶은 아름다운 섬이 될 것이다.

섬에 오는 내내 파도는 내 의지와 상관없이 높고 거칠었다. 물에 갇혀보니 흔들리며 미혹되어 살아온 날들을 되돌아보게 되었다. 남편과 맞잡은 자루에 쓰레기를 꾹꾹 눌러 담고 엉켜있던 폐그물처럼 부질없는 생각을 걷어낸 날이다. 맑아진 마음속에 잘피를 심는다.

기적을 믿어라

「시인의 서랍」은 이정록 시인이 쓴 산문집이다. 그의 가장 깊숙이에 넣어둔 생각을 열어본다. '기적을 믿어라'라는 글이 마음에 들어왔다. 면도하는 가장의 아침을 통해서 상징성을 느낀다. 아버지는 존경의 대상이다. 아버지들은 거울 앞에서 면도하며 가장의 자존심을 세우는 것이 아닐까.

작가는 거울을 바라보게 된다. 왜곡되지 않은 모습을 발견하는 일인 것처럼. '아침 햇살이 거울 속으로 들어가서 제 밝은 얼굴로 그을린 서까래를 비췄다. 가장 밝은 눈을 가진 거울!' 그 거울 앞에 서서 아침마다 지혜로운 사람이 되자고 다짐하고 있다. 자신의 차림새를 고치고 짐짓 아버지처럼 자기 점검을 해보는 것이다.

그의 아버지는 거울의 자신에게 말한다.

"머리까지 다 밀어야겠어. 그리고는 수염을 길러야지. 어서 말을 한 마리 사서 수염을 휘날리며 타고 다녀야 할 텐데."

작가는 어느 날부터 자연스레 아버지의 흉내를 따라 한다.

"아버지는 나에게 고삐를 건네줄 거야."

고삐를 건넨다는 건 가장이 되어 책임을 다하는 길일 것이다. 그 길을 가기 위해 거울의 잠언을 받아 적는 과정이라고 믿는다.

기적을 말씀하시던 그 아버지는 슬그머니 허풍을 놓고 꽃상여를 타셨다. 그러나 결코 허풍이 아니다. 반지르르한 금언을 주셨다. 거울을 통한 깊고 효과적인 교육자로서 아들에게 '신념의 마력'이란 인생의 기본 원리를 전해주셨다. 아버지들은 자신의 방식대로 금언을 보여주는 게 아닐까. '기적을 믿어라'라는 글을 통해 독자들에게 각자의 아버지를 만나게 한다.

내 아버지는 뇌졸중으로 한쪽 팔이 불편했다. 그런데도 아침이면 면도를 했다. 출근할 일이 없으니 하루쯤 수염이 자라게 두어도 괜찮은 듯한데, 언덕에 있는 이발소를 찾았다. 나이든 이발사가 면도칼을 잡는 곳. 편하게 몸을 기댈 수 있다는 믿음 때문이었을까. 그렇게 눈을 감고 있는 동안 지난날의 건강했던 날들을 되돌아보았을 것이다. 수염을 깎고 맑아진 얼굴로 집으로 돌아오시는 게 좋았다. 아버지는 몸이 불편해도 흐트러지는 모습을 보이지 않으려 애를 썼다. 우리에게도 당당하게 어깨를 펴라고 당부하셨다. 무례한 행동은 자존감을 버리는 것이니 남과 다투지 말라고도 했다.

출근할 때마다 아버지는 자기 점검을 했다. '가장 밝은 눈'을 가진 거울 앞에서 엄숙한 의식을 치렀다. 구두를 반짝거리게 닦고 세상의 문을 밀고 나가던 시간이었다. 아버지는 가족이라는 등짐으로 굳은살이 박혔다. 저세상으로 가시면서 그제야 오그라들었던 손을 펴고 편하게 누우셨다.

머피의 법칙과 반대되는 개념으로 '샐리의 법칙'이 있다. 긍정의 생각을 하는 샐리의 법칙은 해피엔딩이다. 그렇게 살라는 본보기를 보이며 아버지는 사셨다.

작가는 거울과 말하는 법을 터득해 가고 있다. 햇살 그득한 거울에서 뿜어져 나오는 아버지의 말씀이 힘차서 신의 계시 같았다고 한다. 수송아지를 안아 올리던 힘과 수숫대를 뛰어넘던 힘이 비축되어 그의 아버지가 숙제로 주신 기적을 믿고 따르고 있다. 나도 아버지가 보여준 성실함 속에 기적이 있다는 걸 믿는다.

외딴섬

홍도로 나선 뱃길, 파도소리가 섬을 흔든다. 내 가슴도 출렁거렸다. 태양이 질 무렵 섬이 붉게 물들어 '홍도'라는 이름을 얻었다는 섬. 자체가 홍갈색을 띠어 붉은 섬이다. 많은 사람이 홍도에 발을 들였다. 작은 섬이 소란해진다. 선착장에 내려 안내자의 손팻말 앞에 무리 지어 줄을 섰다. 사람들 어깨를 부딪치며 좁은 길을 지나 동백 숲에 들어갔다.

심한 풍랑이 손바닥만 한 동백 숲을 다 훑고 지나갔다고 한다. 기우제를 지내는 당집에도 물이 휩쓸고 간 흔적이 또렷하다. 문이 떨어져 나간 당집처럼 여미지 못한 마음에 공허함이 밀려든다. 돌아갈 때를 알고 문득 고개를 떨어뜨린다는 동백꽃, 빨간 꽃봉오리가 무수히 뒹굴며 밟힌다. 좁은 언덕을 오르내리며 바닷가 횟집으로 이동했다. 몽돌이 있는 쪽빛 해변을 걷는 동안 비로소 홍도의 품에 안긴 걸 실감한다. '해녀의 집' 간판에 이끌려 발을 들여놓자 섬 아낙의 몸놀림이 분주하다. 직접 따온

전복, 해삼과 맑은 술을 곁들여 내놓는다. 가득 채운 그물을 쏟아내듯 육지의 고단함이 풀린다.

붉은 섬에 노을이 진다. 이 작은 섬이 태양을 따라 바다로 숨어드는 것은 아닌지 걱정스러울 만큼 아름답다. 아련히 바다 향기가 피어오른다. 흙비에 뒤범벅이 된 동백꽃 때문인가. 붉은빛은 선연한 꽃의 절정이다. 기다려 주지 않은 꽃을 가슴에 꽂고 노곤한 몸을 일으켰다. 따개비처럼 엎드린 집들이 바람에 몸살을 한다.

쪽방으로 들어섰다. 짐을 풀자 곧 그의 눈꺼풀도 내려앉는다. 백열등이 매달린 작은 방, 불빛에 드러난 낯익은 꽃무늬 벽지. 벽지의 결을 더듬듯 신혼 때가 생각난다.

시댁에서 폐백을 드리던 날이었다. 노총각 장가든다고 온 동네가 떠들썩했다. 일가 어른들이 모여 앉은 대청마루에서 큰절을 올렸다. 안방에 교자상을 들이고 아주머님들이 둘러앉았다. 신부만을 위한 음식상이다. 일가로 맞이하는 의식이다. 아이가 돌잡이 때 무엇을 집는지 살피며 복을 빌어주듯 덕담도 하시며 음식을 골고루 권하셨다. 며느리 역할을 충실히 하라는 부탁의 의미도 있었을 텐데, 선뜻 음식을 먹지는 못했다. 서툴게 입은 한복 치마끈마저 가슴을 옥죄었다. 그렇게 시댁 문턱을 넘었다.

음식 장만으로 온종일 들썩이던 부엌, 아궁이의 불길이 고래를 건너와 윗방 아랫목을 태울 듯 뜨거웠다. 신랑은 동네 친구들과 나눈 축하주에 취했는지 깊은 잠에 빠졌다. 윗목에 우두커니 앉아 날이 새기를 기다리며 무심히 바라본 꽃무늬 벽지.

딸이 많은 우리 집은 꽃밭에 화사한 꽃들이 줄지어 피고 졌다. 아버지는 딸들과 함께 벽지를 고르고 손수 도배를 하셨다. 벽지를 들어 올리다 머리에는 풀 범벅이 되고, 송골송골 매달린 땀방울에 우리의 웃음이 꽃송이 같다던 아버지, 웃음소리가 귓가에 맴돌았다. 문득 되돌아갈 수 없는 먼 곳에 와 있다는 걸 깨달았다. 신랑도 신방도 낯설었다. 섬에 갇힌 듯 외로움이 밀려들었다.

홍도의 밤이 낯설다. 바람 소리가 구슬프다. 고르게 숨을 내쉬는 그이를 두고, 조용히 민박을 나왔다. 밤바다가 보고 싶어졌다. 바다는 거대한 콘트라베이스를 껴안은 듯 마음을 휘젓는다. 활을 들어 월광 소나타를 연주하는 것처럼 파도가 굽이친다. 해변에 줄지어 있는 불빛이 깜빡거린다. 마지막 손님이 자리를 떴는지 선술집도 불을 끈다. 뭍으로 밀려가는 어둠 끝, 외로움이 밀고 들어와 내 안에 한 송이 꽃으로 피는 섬.

나무향기 찻집

굵어진 빗줄기에 빈집이 쓸쓸하다. 마음의 물길도 제멋대로 갈래를 짓는다. 안성 외진 곳에서 찻집을 운영하는 그녀의 목소리가 빗속을 건너왔다.

빗길을 나선다. 도로에는 흙탕물이 소용돌이치고 있다. 우산이 비바람에 맥없이 꺾이고 말았다. 괜한 걸음이라는 생각도 잠시. 보고 싶다는 그녀의 말을 떠올리며 정류장에 섰다.

좀처럼 버스는 오지 않았다. 맥이 빠질 즈음 물보라를 일으키며 버스가 달려왔다. 서둘러 올랐다. 도착할 시간에 맞춰 아들을 마중 보내겠다는 문자에 젖은 몸이 따뜻해졌다.

버스가 종점에 도착하자 길가에 서 있던 훤칠한 청년이 우산을 들고 다가왔다. 그녀의 아들이다. 우산을 받치며 차 문을 열어준다. 시야가 흐렸지만 능숙한 운전 솜씨와 서글서글한 말투에 편안해졌다. 한동안 달리던 좁은 길로 편백 나무 향기를 머금은 '나무향기 찻집' 팻말이 보인다. 차의 엔진소리를 들었는지 그녀가 달려왔다.

찻집 옆, 나무공방에서 요란한 전기톱 켜는 소리가 났다. 찻집과의 경계를 긋는 소리다. 찻집과 공방은 큰 걸음으로 열댓 걸음쯤 떨어진 곳에 간격을 두고 서로의 공간을 확보하고 있다. 나무 냄새가 유난히 좋다.

소음도 때론 그리운 시간을 건너간다. 나무향기가 기억의 고삐를 잡는다. 조그만 여자아이가 목공소 앞에 쪼그려 앉아 밀려 나가는 대팻밥에 정신을 팔고 있다. 이마에 수건을 질끈 동여맨 아저씨가 널빤지에 먹줄을 당겨 표시한 뒤 톱으로 자르느라 분주하다. 쓱쓱 대패를 밀자 얇은 대팻밥이 딸려 나온다. 아이는 신발에 들어간 톱밥을 톡톡 털어내다가도 금세 나무의 얇은 속살에 마음을 빼앗긴다. 나무 켜는 소리가 멎자 기억의 고삐를 놓치고 삶의 갈피에 접혀 있던 대팻밥 향기를 찾았다.

그녀는 공방 옆에 식당을 한 칸 꾸몄다. 외진 곳이지만 지인들이 가끔 식사 예약을 하기도 한다. 자연에서 채취한 나물들로 정성껏 상을 차려낸다. 내가 도착한 시각이 점심을 조금 지난 때였다. 갓 지은 밥과 나물 볶는 냄새가 식욕을 돋운다. 봄에 갈무리했던 취나물, 꽃다지, 냉이 등 식탁이 풍성하다. 당뇨병을 걱정하며 내게 택배로 보내왔던 돼지감자 장아찌도 곁들여 있다. 찻집에 사람들이 머물다 가면서 그녀의 따뜻한 말과 마음 씀씀이에 나처럼 위안을 얻고 가겠지.

굵은 빗줄기가 마당을 할퀴고 패어놓았다. 비가 그치자 그녀는 흙을 몇 삽 떠 넣는다. 간간이 걸음걸이가 불편한 사람들이 다녀간다며 팬 곳을 메우고 있다. 상처를 어루만지듯 다독다독 밟아준다.

찻집으로 걸음을 옮긴다. 그녀와 호젓하게 이야기를 나눌 생각이다. 그녀는 말려 둔 야생국화, 위장에 좋다는 보이차를 우려내 찻잔에 따른다. 찻물이 몸을 휘돌아 나가며 정신이 맑아졌다. 창밖으로 시선이 옮겨간다. 무시로 걸리던 풍경화에 무채색 붓이 다녀간다. 창가에 걸터앉은 바람이 창틈으로 들어올 기세다. 그녀는 지인이 만들었다는 무명 커튼을 늘어뜨렸다. 그림 속 개구리의 표정이 익살스럽다.

선반에 놓여 있는 다기들 사이로 작은 종이 살짝 보인다. 종을 가리키자 내려서 보여준다. 손바닥 안에 들어갈 만큼 작다. 한지를 여러 겹 붙여 단단해 보였다. 맑은 종소리가 날 것 같다.

그녀는 가까운 요양원 자원봉사를 했다. 그때 한 할머니에게 유독 눈길이 끌렸다고. 할머니는 외국에서 외아들과 살다가 고향에 돌아왔는데 혼자 지내기가 힘들어 요양원에 계신다. 언젠가 아들이 면회 오면 한 번 오시라는 약속을 했었는데, 잊지 않고 찾아오셨다. 정성껏 밥을 해주었단다. 아들 내외와 맛있게 식사하는데 마음 아프더라고 했다. 그런 그녀에게 고마워서인지 직접 만든 종을 살며시 놓고 가셨단다. 할머니 무딘 손이 감사한 마음으로 만든 흔적이다.

그 아들이 일 년에 두어 번 오기는 하지만, 헤어지고 기다리며 가슴앓이가 더 심하다고 걱정이다. 종을 쓰다듬으며 눈물까지 글썽거린다.

둘이서 뒷산을 걷는다. 경사진 오솔길로 바람이 우리를 쓰다듬는다. 계절을 통과하는 사이 찻집을 기웃거리던 담쟁이는 잎사귀를 떨어뜨렸고, 조롱박을 올렸던 터널도 비어 있다.

비 갠 틈에 공방의 주인은 장작을 기운차게 패고 있다. 외진 곳에 활기가 차오른다. 마당귀퉁이에 장작의 귀를 맞춰 처마 밑까지 쌓아놓았다. 겨울을 건널 준비가 끝난 셈이다. 편백 나무를 흔들어 본다. 피톤치드를 품고 있다는 물방울이 수정처럼 쏟아진다.

내 인생의 차탁에 먹줄을 튕기고 긋는 일이 얼마나 허술했던가. 대패질이 거칠어 무늬를 찾아내지 못했고, 나무향기조차 갈피에 접혀 있었던 것은 아니었는지. 톱밥과 대팻밥을 되작거리며 놀던 여자아이가 치맛자락을 팔랑거리며 곁에 다가온다. 나무향기가 달무리처럼 둥글게 나를 에워싼다.

찻집의 그녀, 편백 나무 향기를 머금고 내 어깨에 가만히 손을 얹는다.

하얀 종소리가 달빛에 부서지고 있다.

소금 사러 가요

김장 배추를 가져가라는 전갈이다. 해마다 김장철이 되면 배추 농사를 짓는 시댁에서 연락이 온다. 마침 월차를 낸 아들을 앞세워 염전이 있는 안산 제부도로 소금을 사러가기로 했다. 그런데 집을 나서자 불쑥 바다가 보고 싶어졌다. 일렁이는 파도와 동해의 맑은 물이 눈앞에 너울거렸다. 그쪽으로 가면 달려드는 파란 물굽이에 속이 탁 트일 것 같은데…. 혼잣말에 아들이 속내를 알아챘다. 운전병으로 단련된 제 실력을 믿어보라며 '추암'으로 목적지를 바꿔 달리기 시작했다.

아들은 결혼을 몇 달 앞두고 있다. 제 울타리를 치게 되면 둘만의 여행은 여의치 않을 것이다. 주유소에서 기름을 넣고 있는 동안에도 조바심은 바다에 가 있었다. 추암에는 오후 세 시가 다 되어 도착했다. 점심을 건너뛴 탓에 시장기가 돌았다. 남편과 함께 왔던 횟집이 새 단장을 했는지 산뜻했다. 횟집 이 층 방에 앉자마자 마치 한 척의 배에 탄 것처럼 출렁이는 방. 문을 열면 바다에 발을 빠트릴 것처럼 가까웠다.

방이 따끈하다. 누워서 쉬라는 말을 던지며 아들이 계단을 내려갔다. 발소리가 멀어지자 눈을 감고 바다의 움직임을 듣는다. 바다가 뒤집혀 속의 것을 모두 털어내고 나면, 좀 더 맑은 몸이 된다는데…. 그처럼 내 안의 불순한 것들도 뒤엎고 싶다. 그래서 유리알처럼 속이 훤히 들여다보이도록 맑아지길 빌었다.

두어 시간이 지나면 해가 질 것이다. 바다를 보기 위해 달려왔지만, 다시 돌아가야 한다. 놓아야 하는 게 어디 바다뿐이던가. 아들은 30여 년을 내 품 안에서 뼈가 굵어졌다. 구릿빛의 건장한 몸이다. 손아귀 힘이 세어져 키를 잡을 수 있는 조타수가 된 것이다. 이 배에서 내리면 제 배의 키를 잡고 바람의 속도를 조절할 것이다. 순탄하게 항해하기를 기원하며 이제 세상의 바다에 맡기려 한다.

아들과 함께할 시간이 야금야금 먹혀들어 갔다. 쉬고 있을 때가 아니다. 속을 훑어내는 바다의 손을 잡기 위해 맨발로 성큼 걸어 들어갔다. 찬 기운이 긴장을 늦추지 말라고 차갑게 경고해 왔다. 바로 거품을 물고 일어서는 파도와 맞서며 충돌하는가 하면 다시 튀어 오르는 물방울이 대견했다. 바위 같은 생각도 부서지는 거라고 한 수 배운다. 잡다한 이명도 쓸려나갔다.

민물이 합수되는 도랑에서 아들은 자맥질하는 원앙, 바다를 지키듯 짖어대는 개를 피사체로 연속적으로 셔터를 눌렀다. 갈매기의 무리가 한 방향으로 앉아 만든 소소한 이야기를 접사하며 뛰어다녔다. 나도 피사체가 되어가며 소중하게 시간의 소금밭을 고무래로 밀고, 굵어 풍화된 생각을 자루에 담았다.

촛대바위에 석양이 걸렸다. 마치 바다는 어머니의 손처럼 흔들리며 촛대에 불을 켜고 있는 것 같다. 붉은 기운은 기도를 잉태하고 그 밤을 보듬을 것이다. 나는 김장 소금을 까맣게 잊고 파란색이 가물거릴 때까지 내 눈으로 바다를 찍고 바닷소리를 가슴에 적셨다.

추암은 두 번째 방문이다. 5년 전, 정동진의 모래시계 아래서 해돋이를 생각했다. 바다와 나란히 뻗은 기찻길로 덩달아 달려갔다. 그렇게 달리다 추암역까지 가게 되었다. 되짚어 귀경하기엔 늦은 시간이었다. 파도가 밀고 들어오면 바로 쓸려갈 것 같은 바닷가에 방을 잡았다. 그날따라 문밖에 사람들의 왕래가 잦았다. 고단한 탓에 언제 잠이 들었나 싶었다. 날이 밝는지 발소리가 분주하게 들렸다. 방문을 열자 장관이 펼쳐진 게 아닌가. 한 줄 횡대로 늘어놓은 카메라가 바다의 기척에 숨을 죽이고 있었다. 일출을 찍기 위해 속속 사람들이 몰려들었다. 지난밤 사람들이 몰려다닌 이유였다.

사람들은 바다를 향해 카메라를 고정해 놓았다. 단지 기다리고 있을 뿐이었다. 바다를 쏘아보며 대결이라도 하려는 듯 긴장감이 돌았다. 사람들 뒤로 조심스럽게 스치듯 촛대바위로 향했다. 붉게 바다가 타오르기 시작하고 사람들의 탄성이 쏟아졌다. 해산한 바다의 몸 위로 말간 해가 아이의 모습으로 떠올랐다. 일제히 카메라의 눈이 작동했다. 찰칵찰칵, 플래시도 섬광을 날렸다. 그때 빌었던 소원이 다 이루어졌는지 기억도 희

미하다. 오래전 일이 낙조와 함께 바다로 가라앉는다.

어둠은 바다에서 우리를 떼어놓았다. 바다의 숨소리를 어둠에 묻고 속력을 내며 집으로 향했다. 그제야 함께 나서지 않은 남편 걱정이 되었다. 돌아오는 길은 어둠 탓도 있지만, 차량이 늘어나면서 정체가 되었다. 지금쯤 남편은 잔뜩 화가 나 있을 것이다. 눈 딱 감고 전화를 했다.

"여보 도로가 막혔어요."

"어딘데?"

"문막 휴게소인데요. 먼저 식사하세요."

"조심해서 와."

매끄럽지 않던 말소리가 금세 누그러지며 전화가 끊겼다. 우리도 음식을 주문하고 한숨 돌렸다. 밤 11시경, 집 근처 마트에 들어섰다. 신안 앞바다의 소금이 우리를 기다리고 있었다. 그것도 할인된 값으로…. 질 좋은 소금을 집 앞에서 건져 올렸다. 소금값을 내며 아들을 바라보았다. 먼 바다로 떠날 준비가 되어있다는 듯 표정이 사뭇 결연하다. 키를 너에게로 넘기며 멋진 항해를 기대한다.

옹벽

남편과 아침마다 공설운동장을 걷는다. 그는 운동장 바깥쪽으로 걷고, 나는 트랙 안쪽을 돈다. 빠른 걸음으로 몇 바퀴 돌자 이마에 땀방울이 맺힌다. 잠시 쉬어야겠다는 생각이 들어 벤치에 앉았다. 운동장 한쪽에서 음악 소리가 들린다. 고개를 돌렸다. 그녀다. 비틀거리며 몸을 흔들고 있는 그녀가 보였다. 맨 앞줄에서 열심히 에어로빅강사의 몸짓을 따라 한다. 사람들과 함께 열심히 움직이고 있는 그녀. 아직 완치는 안 되었나 보다.

그녀의 모습에 남편의 얼굴이 겹쳐진다. '위암 말기' 의사로부터 병명을 듣는 순간, 벼랑 끝에 선 것처럼 아득했다. 절망으로 모든 것이 무너져 내렸다. 하지만 그렇게 쉽게 인정하고 포기할 수는 없었다. 다른 병원의 문을 두드렸다. Y 병원의 담당 의사를 만나게 된 것은 천운天運이었다. 그는 긴장하는 우리에게 '위암 3기'지만 최선을 다해보자고 담담하게 말했다. 믿음을 주는 그의 말은 기적을 일으켰다. 의사를 신뢰하며 벼랑 끝에서 희망의 끈을 당기며 그는 살아났다. 나중에야 알았지만, 남편은 '위암 4기'였다. 사실 그 당시에 병증을 알았다면 절망으로 모든 것을 포기했을지도 모른다. 환자를 살리기 위한 의사 선생님의 깊은 배려에 진심으로 감사했다.

56 암병동에서의 투병 생활은 눈물겨웠다. 힘든 수술로 간신히 생명을 건진 남편은 링거병을 주렁주렁 매단 채, 밤낮으로 병원 복도를 걸었다. 남편의 한 걸음 떼기가 너무나 힘겨워 보였다. 한 달 후 남편은 퇴원했다. 그는 예전의 체력을 되찾으려고 매일 조금씩 운동장을 걸었다. 그때 안간힘을 쓰며 운동장 주변을 걷고 있는 그녀를 보았다. 그녀는 반신불수의 몸을 제대로 가누지 못했지만, 열심히 걸으려고 애썼다.

빠른 음악이 내 상념에 파고든다. 남편 잔소리에 떠밀려 운동장에 왔지만 귀찮았던 마음이 사라지고 솔솔 재미가 붙는다. 에어로빅 음악과 그에 맞춰 춤추는 사람들이 내게도 흥을 돋운다. 어제보다는 더 많이 걸어야지. 발걸음이 가벼워진다.

걷기를 끝내고 나면 운동장 뒤편에 있을 남편을 찾아간다. 얼마 전 남편이 아들의 낡은 야구 글러브를 창고에서 꺼내 만지작거렸다. 아들의 개구쟁이 모습을 떠올리고 있었는지는 모르겠다. 이제는 어른이 되어버린 아들, 아버지와 운동을 같이 할 시간이 있을까. 남편이 쓸쓸해 보였다. 당신, 나하고 야구를 하든지 배드민턴을 치든지 할래요. 내 말에 남편은 웃으며 할 수 있겠냐고 물었다. 물론 잘 할 수 있죠. 그렇게 해서 시작한 공놀이다. 먼발치에서 옹벽에 야구공을 던지는 그의 모습이 보인다. 가까이 갈수록 벽에 맞고 튀는 소리가 경쾌하다.

공 던지는 공간에 두 그루의 느티나무와 작은 단풍나무가 있다. 땅에 떨어져 구르는 야구공을 주우려고 허리를 굽혔다. 젖은 땅에서 촉촉한 흙냄새가 올라온다. 꺼져 가던 남편의 생명이 살아나듯이 땅을 비집고 솟아난 새싹에 눈길이 머물렀다. 수년 전 건강했던 그의 모습이 떠올랐다.

그해 겨울은 유난히 춥고 눈이 많이 왔다. 남편은 아침마다 하던 테니스를 중단하고 약수터에 다녔다. 어느 날 함께 가자고 나를 깨웠다. 아직 날이 밝지 않아 한기로 으스스했다. 잠결에 입은 스웨터 올 올에 찬바람이 스몄지만 눈 쌓인 오솔길은 하얗게 밝고 아름다웠다. 산길은 먼저 다녀간 발자국으로 반질반질 미끄러웠다. 괜히 따라왔다고 투덜대자 등을 돌려댄다. 업혀 산길을 내려오는 동안 그의 등은 후끈 달아오르고 힘이 넘쳤다. 사그라질 것 같은 그의 깡마른 모습을 지우기라도 하듯 가끔 아름다웠던 약수터의 '산길'이 떠오른다.

둘이 공 받기를 한다. 배트를 사용하지 않고 주고받기만 하는데도 생각처럼 쉽지 않다. 심호흡하고 힘껏 공을 던졌다. 테니스로 다져진 그의 빠른 공은 역시 되받기가 힘들다. 나는 공을 되받으려 버티고 섰다가도 그가 던지는 공이 정면을 향해 돌진하면 순간적으로 공을 피한다. 그러나 점점 재미가 났다. 지쳐갈 즈음 그의 구령에 맞춰 맨손체조를 하고 나니 땀에 젖은 몸이 개운하다.

그는 꾸준히 운동하며 최선을 다했고 새 삶을 얻었다. 간혹 암 환자를 만나면 긍정적인 생활을 하는 그의 이야기를 들려주며 두려움을 느끼지 말라고 격려한다. 남편의 정기 검진 간격이 점점 뜸해지고 있다. 꾸준한 운동량과 환한 미소가 오늘만 같기를.

옹벽에 힘껏 공을 던진다. 내 울타리를 친 당신에게.

종이 비행기

편지는 마음을 담아 날리는 종이비행기다.

선을 긋지 않은 하얀 종이에 애착을 갖는다. 연필로 써 내려가다 보면 조금 삐뚤어진 글씨가 행간에 솔직한 심정을 채우면서 멈칫거리는 게 좋다.

가끔 딸아이의 서랍을 열어보고 아이가 오랫동안 소중하게 모아둔 깍지 낀 몽당연필과 꽃편지지, 아이의 손안에 움켜쥐던 크레파스와 물감들을 다시 만져보곤 한다. 그리곤 기억 저편, 아이와 같이 별을 꿈꾸던 작은 방으로 들어선다. 유치원에 다니는 딸아이와 함께 그림을 오린다. 연필, 과일, 예쁜 여자아이와 분홍색 가방. 종이 부스러기와 풀칠이 닿은 방바닥이 어수선하다. 도화지 위에는 오린 그림을 풀로 붙여 꾸민 뒤 삐뚤빼뚤한 글씨로 편지를 쓴다.

"아빠 사랑해요. 동생과 다시는 싸우지 않을게요."

아이는 매번 지키지도 못할 약속을 한다. 가끔 유치원 친구 생일카드나 선생님께 보낼 감사의 카드도 만든다. 글씨가 서툴러 카드에는 그림이 많다. 글씨를 알아가며 꾹꾹 눌러쓴 글씨가 하루하루 아이에게서 받는 사랑의 편지다.

피곤했던 일상에서 잠투정하던 작은 아이까지 잠이 들면 내 시간의 틈을 연다. '비가 내리고 있다. 커피가 생각난다. 네가 보고 싶다'라며 친구의 얼굴을 마주하듯 그리움 가득한 편지를 날린다.

직장 때문에 남편과 떨어져 산 적이 있다. 어느 날 연애 기간에는 받아보지 못한 편지를 받았다. 전화와는 느낌이 달랐다. 그의 쓸쓸한 방과 혼자 준비하는 식탁을 생각하며, 내 손길이 필요하다고 느끼는 때마다 마음이 짠했다. 잘 지낸다는 비슷비슷한 내용이 서로 떨어져 지내는 시간의 다리를 이었다. 불 꺼진 방에 혼자 들어가기 싫다거나 애들이 보고 싶다는 등 걱정스러운 마음을 전하는 남편. 아이들은 아빠의 편지에 언제나 해맑은 사랑으로 답장을 한다. 그렇게 편지는 살아가는 날에 밑줄을 그어 서랍 속에 놓였다.

내 편지쓰기가 언제쯤 멈추었는지는 기억나지 않는다. 다만 다시 시작한 그 날은 선명하다. 아들이 대학 수능시험을 보던 날이다. 아이를 시험장으로 보내고, 불안한 마음을 잠재우기 위해 성당에 갔다. 첫 시간부터 아이들이 답안지를 놓는 시간까지 함께 기도하는 여정이었다. 긴장하고 있을 아이를 생각하니 춥지도 않았다. 기도가 깊은 곳에서 흘러나왔다. 수능을 보는 부모들이 함께 기도하면서 촛불을 켰다. 기도에 대답하듯 촛불이 흔들렸다.

순간, 편지를 써야겠다고 생각했다. 한 줄 한 줄 아이를 생각하며 써 내려가는 편지, 만감이 교차했다. 편지를 쓰는 내내 울었다. 고마워서 그리고 미안해서…. 그때 썼던 편지를 성당에서 한 달여가 지난 뒤에 집으로 보내주었다. 따뜻한 햇볕이 환하게 들어오는 창가에 앉아 내가 쓴 편지를 읽었다. 크고 작은 기쁨을 이미 받았으니 더 큰 욕심은 내지 않겠다고 적혀있다. 그리고 너를 사랑한다고. 잘해 낼 거라고.

편지쓰기는 아들이 군에 간 이후에도 계속되었다. 강원도 원통으로 열심히 편지지에 마음을 펴 날랐다. 백지에 사랑한다는 말을 써넣느라 숨이 가빴다. 군에 있는 시간을 헛되이 보내지 말라는 당부가 끝에 추신으로 달라붙었다. 마음이 안 놓였던지, 남편도 경쟁하듯, 자주 격려의 글을 보냈다. 그래야만 안심이 되었던 것 같다. 우리의 위문편지가 위안보다는 부담이 되었을 거라는 생각이 든다. 제대하고 돌아오면 그날로 다시 책상 앞에 앉혀 훌륭한 사람을 만들겠다는 청사진을 펼치고 있었으니. 하지만 아들은 제대하자 곧 어학연수를 떠나버렸다.

인터넷 편지를 날린다. 화면에 작은 종이비행기가 날아오르다 땅으로 곤두박질친다. 아들에게 마음을 적어 보낸 사연이 너무 무거운가 보다. 생각해보면 사랑만큼, 글쓰기도 인간이 할 수 있는 가장 행복한 일 중의 하나가 아닐까 한다. 사랑하는 사람을 위해 글을 쓴다는 것, 편지를 받고 행복해질 누군가를 떠올리는 일은 무엇과도 비교할 수 없는 기쁨일 것이니. 오늘, 보내지 못할지라도 편지 한 장 써 보면 어떨까. 현관문을 열자 라일락 향기가 밀고 들어온다.

긴 편지를 쓰고 싶은 날이다.

하얀 두루마기

차례 음식을 제기에 담는다. 시아주버님이 제물을 건네받아 진설하고 향을 사른다. 제주의 모습에서 하얀 두루마기를 입으신 친정 할아버지가 오버랩된다. 향불의 연기는 먼 시간을 더듬어 친정 할아버지 앞에 나를 데려다 놓는다.

할아버지는 추석 차례에 하얀 두루마기를 입고 갓을 쓰신 후 위엄을 갖추고 집전하신다. 경건하고 엄숙해서 숨소리도 내지 못한다. 모여든 일가친척들이 대청마루에 늘어서서 절을 올린다.

부엌에서는 큰어머니와 어머니 그리고 음식을 만드는 사람들이 분주하다. 두레상을 여러 개 놓고 음식을 차려낸다. 어른들과 아이들이 나눠 앉아 오랜만의 정담이 오고 간다. 두레상에는 음식이 가득하다. 그중에서도 나는 하얀 산자를 제일 좋아했다. 반으로 쪼개면 엿물을 머금고 있다가 실처럼 늘어나고 식감이 쫀득했다. 지금도 큰어머니의 솜씨를 생각나게 하는 음식이다.

큰아버지는 내가 고등학생이 되기 전에 돌아가셨다. 할아버지는 아들 둘 중에 종손인 큰아들을 잃으셔서 명절에는 더 마음이 아프셨던 것 같다. 작은할아버지들이 함께 건너와 반가우면서도 그런 날은 큰아버지 생각으로 약주가 과하셨다. 할아버지 눈가를 붉히던 눈물이 마음에 머물곤 했다.

중학교 2학년 때, 어머니는 서울로 이사하려는 마음을 굳혔다. 언니가 고등학교를 서울 할머니댁에서 다니고 있었기 때문이다. 그 뒷바라지를 위해 나머지 동생들을 데리고 서울로 분가했다. 서울에는 할머니와 사촌들이 살고 있었다. 어머니는 할머니가 계신 동네로 이사를 했다. 나는 하는 수 없이 아버지와 함께 할아버지댁에 들어가 몇 해를 살게 되었다. 할아버지는 남겨진 나를 안쓰러워하시며 유독 정을 많이 주셨다. 가끔 새벽녘 내 이불속 온기를 만져보시고 방바닥에 한기가 돌면 집안 일 하는 언니들은 호된 꾸지람을 들었다.

추석이 가까워지자, 송편을 빚으며 북적거릴 서울집이 그리웠다. 추석 전날 하교 후 나처럼 떨어져 외가에 사는 친구와 가출을 했다. 엄마가 서울로 떠나고, 참았던 그리움이 추석 달처럼 차오르자 무작정 서울행 기차를 탔다. 완행열차는 발 디딜 틈이 없었다. 오랜 시간 서 있는 게 안 돼 보였던지 사람들이 자리를 양보하며 번갈아 앉게 해주었다. 빼곡하게 앉은 낯선 사람들 속에 끼어 그들이 쳐다보면 잡아가기라도 할 것 같아 졸음을 떨치며 잔뜩 긴장했다. 설핏 할아버지의 호통에 눈을 떴다. 기차는 터널을 통과하고 있었다.

새벽 기차에서 내리고 나서야 주머니에 있던 돈이 없어진 걸 알았다. 코를 베어 간 줄도 모르고 졸아버린 것이다. 다행히 경찰아저씨의 도움을 받아 집으로 갈 수 있었다. 갑자기 나타난 나를 어머니가 덥석 끌어안으셨다. 어머니와 함께 지내는 시간은 꿈결처럼 지나갔다.

어머니의 따뜻한 손길, 동생들의 예쁜 얼굴, 소란스럽고 정다운 기억. 다시 만나려면 겨울방학까지 기다려야 한다. 안타깝고 속상한데 기차는 서울에서 점점 멀어지고 있었다. 하루 만에 할아버지와 아버지 곁으로 되돌아왔다. 두 분은 애를 태우셨다고 화가 많이 나 있었다. 그날 밤 장지문에 비친 달빛이 서글픈 나를 다독였다.

대학에 입학하자 할아버지의 사랑을 독차지하던 마음을 두고 어머니 곁으로 갔다. 내가 없는 게 아쉬웠던 것일까. 추석 차례를 지내고 나서 할아버지도 서울행 기차를 타셨다. 연락을 받고 서울역에 마중을 나갔다. 하얀 두루마기를 입고 갓을 쓰신 할아버지께서 플랫폼을 천천히 걸어 나오셨다. 할아버지 품으로 달려들었다. 오래 정들었던 할아버지 냄새를 만났다. 내 할아버지였다.

그해 초겨울, 할아버지는 아버지 생신 무렵에 아예 서울로 오셨다. 해마다 짓던 할머니 보약도 가져오셨다. 그게 할머니께 드린 마지막 정표였다.

식전에 상차림을 하면서 할아버지와 할머니를 모시려고 골목을 내달렸다. 그런데 할아버지를 아무리 불러도 대답이 없었다. 평소 부지런한 할아버지가 그때까지 기침을 안 하신 것이 이상했다. 방문을 여니 연탄가

스 냄새가 진동했다. 할아버지는 숨을 쉬지 않았고 할머니는 혼수상태였다. 이틀 전에 고친 아궁이가 탈을 낸 것이다. 다시는 할아버지의 따스한 손을 잡을 수 없게 되었다.

추석이 다가온다. 할아버지가 돌아가시고 큰어머니가 개종하여 종가의 차례 풍습도 끝이 났다. 일가친척들의 끈끈한 사랑도 사라진 것 같다. 차례상에 찾아가지 못한 할아버지는 하얀 두루마기자락에 품어오던 종가를 놓아버리지 못하고 선산의 바람결에 홀로 서 계시는 것은 아닌지 모르겠다.

아버지를 본뜨다

예를 들면 말이지,
눈만 뜨면 비유의 나무에 물을 주시던
스케이트를 사러 가고 칼날의 길을 당겨주고
얼음판을 지치는 내 스케이트를 읽으며 트랙을 지키시던 아버지가
하루 만에 자란 까칠한 비유로 내 볼을 부비곤 했지
발의 심장을 담을 구두를 정성스럽게 닦으시고
내 초등학교 우등상장에 복권 번호를 써놓고
흑백텔레비전에 다가앉던 아버지 직유를 스캔했다
함께 본 이층층계 마가렛꽃처럼에 반한
기억을 인화하게 만드는, 처음 읽었던 경양식집간판,
비육의 스테이크 아니 비유의 스테이크를 자르면
삶은 조각조각 은유가 되었지
재미있게 살고 싶다던 엄마가
상징으로 남겨놓고 간 아버지 발 시중을 든다
놋대야에 뿌옇게 풀어놓으신 하루를 만지며
아버지 심장소리를 들었다
단발머리의 눈 속을 뚫어지게 들여다보는
날마다 닦아드리던 두툼한 발에
작은 발이 한 켤레 걸려있었다
영가의 언덕에 드는 발의 심장을 만져보았다
예를 들던 아버지가

아버지 발을 본떠주고 가신 길 위
단발머리 눈동자에 맺힌 풀꽃 하나 보았을 뿐인데
비유의 이파리 무성한 그늘을 가진
시의 길로 걸어가길 바라셨을까
휴대폰에서 가끔 아버지 하얀 비유를 만난다

이면계약서

텃밭이 사라졌다. 굽이굽이 햇살 이어지던 은구비 마을 빈집이 헐린다. 열쇠를 꽂으며 문패 공유했던 집. 파란 양철대문은 이미 뜯겨나갔고, 마당에 발짝을 떼자 마른 풀들이 풀썩 주저앉는다. 씨 간장처럼 졸아들던 햇살로 자란 호박잎, 켜켜이 이면계약 써주며 '언제든지 자고 가라'고 했던 묵언의 약속이 사라진다. 불쑥불쑥 찾아가 상추 잎을 나누며 서로의 계약을 확인하곤 했었는데. 산 그림자 끌고 내려오던 달빛도 설 곳을 잃고 한동안 멍하니 서성이고 있다. 멍석 위의 불콰하던 고추들도 한소쿠리 부둥켜안고 툇마루에서 마지막 인사를 나눈다. 너와 내가 주고받았던 이면계약은 없는 일. 아니, 있었던 일. 주고받던 믿음의 씨알 움켜쥐고 햇살 닿았던 은빛 말들. 은구비 너울너울 넝쿨째 걷어 더욱 은밀한 뿌리 속으로 들어가는, 나.

4장

겨울바다에서

부족한 것을 채우며

언제부터인가 수화기를 들고 먼저 묻는다.

"내일 모임 어디서 해요?"

한 달에 한 번 있는 성서 모임이 일주일에 한 번으로 바뀌었다. 좀 귀찮아했는데 어느새 가족애가 생긴 것이다.

음식을 나눠 먹는 것만큼 사람을 가깝게 하는 것이 있을까. 정성이면 그만이지 별거 아니야. 소피아 자매님 말에 힘을 얻어 두 시간 정도의 구역모임이 끝나면 점심시간을 덧붙인다. 밑반찬과 김치가 자신 있다는 자매들은 가져온 반찬을 상 위에 올린다. 맛있다는 칭찬에 웃음이 번진다. 비가 오는 날에는 멸치육수 냄새가 집안을 가득 채워 메뉴가 국수라는 것쯤은 눈치로 안다. 부추 전을 넉넉하게 부쳐서 입가에 기름기가 번들거리면 말들은 더욱 매끄럽게 넘어간다. 얼음 동동 띄운 콩국수나 열무김치 국수가 더운 날을 책임지기도 한다. 쑥이 지천인 봄이면 쑥 개떡도 별미다. 다식판에 찍어낸 쑥 개떡을 소피아 자매님 댁에서 처음 먹었다. 마치 신행길에 보낼 것처럼 얌전하다. 사람이나 물건도 정성을 들이면 달라질 수 있다는 것을 알아가는 시간이다.

남부시장으로 소피아 자매님과 김칫거리를 사러 갔다. 신선한 것을 골라주며 친정어머니처럼 자상하다. 고들빼기, 갓김치, 총각김치 재료를 샀다. 구역 식구들 것도 사고 보니 두 손을 다 써도 벅찼다. 우리 짐을 본 택시가 좀처럼 서지 않았지만 기다리면서 마음은 뿌듯했다. 모임이 끝나면 소피아 자매님은 우리에게 요리법을 가르쳐주는 게 낙이라고 하신다. 그 덕택에 엄두를 못 내던 밑반찬, 맛 간장 만들기, 별미김치도 흉내 낼 수 있게 되었다. 가끔 별미로 담근 고들빼기는 쌉싸름하면서도 감칠맛이 난다. 소피아 자매님에게서 고들빼기김치처럼 그런 깊은 맛이 난다.

우리 구역에는 홀로 사시는 분이 많다. 아직은 활동력이 있어서인지 자식들에게 기대는 것을 원치 않아 독립적인 생활을 한다. 대부분 연세가 높은데, 가끔 겪었던 삶의 희로애락을 전해주며 눈시울을 적신다. 식사시간이 끝나고 여든이 넘으신 베로니카 할머니의 품바 춤은 어깨를 들썩거리게 할 만큼 신이 난다. 엔도르핀이 솟는다. 실버, 파이팅!을 외친다. 때론 점점 버릇이 없어져 가는 젊은이에 대한 질책도 당당하시다. 대가족의 조화를 이루는 우리 모임을 이웃 구역에서 부러워한다는 기분 좋은 말을 종종 듣는다. 모임을 통해 어른들의 지혜로운 삶을 엿본다. 미래의 롤모델이다.

성당에서 아이들의 인성교육과 부모교육을 하고 있다. 바른 부모에게서 바른 아이를 만날 수 있다는 믿음이다. 한 방편으로 벅찬 과외 활동에 지쳐가는 아이들을 대상으로 두레모임을 열었다. 칠 세부터 초등학교 육학년까지다. 두레모임을 처음 시작할 때는 아이들이 공부할 시간을 뺏긴다는 불만이 많았다. 저출산으로 형제애의 부족과 이기심을 보게 된다며 교리교사인 자매님도 고충을 말했었다. 한데 말썽을 부리던 아이가 달라져 가는 것을 보면서 그런 편견을 버린다고 한다.

어느 날, 엄마 치맛자락에 매달리던 정현이가 말씀나누기 시간에 먼저 말을 하겠다고 손을 들었다. 친구가 놀러 와서 제 방을 어지르고 치우지도 않고 갔다고. 화가 났지만 자기는 용서해주겠다고 하는 것이다. 콩나물이 자라는 줄 모르게 자라는 것처럼 변화되는 아이에게 모두 칭찬을 아끼지 않았다. 산만하던 그 아이가 두레모임 덕택으로 많이 성장한 것 같다. 정현이가 요셉 성인의 세례명으로 유아세례를 받았다. 하느님의 사랑과 요셉 성인의 모습을 닮아가길 빌어본다.

신의 사랑은 상징이다. 구역모임은 소공동체란 관계를 짓고 그 사랑을 알아가는 생활이다. 아이들은 두레 모임을 통해 서로의 부족한 형제애, 양보심을 자연스럽게 받아들이고, 어른들 역시 성서와 생활 나누기를 통해 부족한 것을 채우며 달라져 간다.

'아무것도 모르는 자는 아무것도 사랑하지 못한다. 아무 일도 할 수 없는 자는 아무것도 이해하지 못한다. 아무것도 이해하지 못하는 자는 무가치하다. 그러나 이해하는 자는 또한 사랑하고 주목하고 파악한다.'
파라켈수스 - 에릭 프롬이 『사랑의 기술』에 인용한 구절이다.

블랙코미디 뮤지컬

우산들이 부대끼며 출구를 연다. 혜화역을 빠져나오는데 계단으로 겨울비가 들이친다. 빠른 걸음으로 창고 극장에 들어섰다.

실내가 온통 어둡다. 빛 한 줄기가 육신을 떠난 영혼을 비춘다. 인생을 이분법으로 분리해야 하는 갈림길이다. 한 여자는 지옥에 가야 하는 이유가 공공장소에서 휴대전화를 켜두었다는 것이었고, 다른 여자는 남에게 말로써 아픈 상처를 냈다는 것이다. 잘못한 줄 모르고 산 인생을 들여다보는 내내 그 영혼들은 칼로 살점을 저미는 아픔을 느끼며 신 앞에 고개를 들 수 없이 부끄럽다.

그 중 미르드르는 프리마돈나다. 그녀는 천상의 목소리를 가졌으나 아쉽게도 미모는 타고나지 못했다. 그녀를 돋보이게 하려고 상대역인 조연들은 못생기고 촌스러운 사람들을 선택했다. 그들의 충성심은 마치 여왕벌을 떠받드는 일벌 같았다. 정상에 오른 그녀는 상대역을 무시하며 생채기를 내곤 했다. 그로 인해 그들은 참을 수 없을 만큼 스트레스를 받았고 결국 모두 그녀 곁을 떠나갔다. 그들이 떠난 뒤에야 자신을 보필했던 사람들의 진가를 알게 된다. 그 후 폭식과 우울증으로 나날을 보낸다.

다시 그녀에게 스카우트 제의가 들어온다. 때로 향수를 느끼게 하는 국화빵이 생각나듯 계절이 바뀌자 관객들은 그녀의 아름다운 목소리가 듣고 싶었다. 그녀의 노래는 봄날 꽃불처럼 번져 나가고 흥행이 되었다. 남자 배역들은 여전히 오만에 가득 찬 그녀에게 무시당하는 일이 빈번했다. 그러나 그녀의 도움을 받았기에 쉽사리 떠날 수 없었다. K도 그중 한 사람이다.

상대역인 K는 좋은 음색을 가지고 있어도 목소리가 유난히 커 호흡을 맞출 수가 없었다. 그러던 중에 무서운 아버지 밑에서 자란 K가 자신도 모르게 큰 소리를 내게 된다는 것을 알게 된 미르드르는 동정심이 생겼다. K에게 새로운 발성법으로 꾸준히 훈련을 시켰다. 오래지 않아 K는 누구도 따라오지 못하는 훌륭한 테너 가수가 되었다. 그렇지만 그 훈련이 너무 힘들었던지 그녀의 고마움을 잊고 불만을 가진 채 그도 결국 떠나버렸다.

어느 날, 그녀가 죽었다. 육포를 먹다가 목에 걸린 게 원인이었지만, 그 마지막 순간에 그녀 곁에는 아무도 없었다는 게 너무 슬픈 일이다. 그래도 관 주위에 형식을 갖춘 그녀의 인연들이 하얀 국화꽃을 들고 서 있다.

애도하기 위해 모여든 사람들은 무시당했던 일들이 또 생각났다. 다시 불만을 터뜨린다. 하지만 속 깊었던 그녀의 따뜻한 마음을 찾아내고 그녀만의 사랑법이었다는 것을 깨닫게 된다. 마침내 모두 그녀를 그리워하며 눈물을 흘린다. 누군가 그녀를 위해 진정한 눈물을 흘려준다면 그녀의 영혼은 구원받게 된다. 신의 약속대로 그곳을 맴돌던 영혼은 마침내 빛에 휩싸여 천국에 들어가게 되었다. 빛과 어둠, 극명한 흑백의 양 갈래길에 서 있는 영혼, 신이 인간의 정체성을 파헤치며 코믹한 터치로 그렸지만 절대 가볍지 않은 주제였다.

소소한 일처럼 생각하고 잘못을 저지른 적이 많았다. 사소한 말이 화근이 되어 서로 상처가 나고 아물면서 후회를 하기도 했다. 몸도 겨울 같은 나이가 되어간다. 곧은길을 옆에 두고 에둘러 왔는지 내 삶도 삐뚜름하게 기울어 보인다. 어느 날, 흑과 백의 이분법 앞에 선다면, 내게 내려질 신의 심판에 있어 변명할 게 있을지 의문이다.

친구의 안내로 티베트 영향을 받은 보성 대원사에 갔었다. 티베트 박물관에 전시물이 따로 진열되어 있었다. 한쪽에서는 검은 휘장을 들추고 들어가 죽음의 체험을 했다. 본인이 죽었다고 가정하고 관 속에 누워보는 것이다. 남편이 들어가겠다는 걸 말렸다. 나도 들어가지 않았다. 섬뜩 무서움이 들었다. 지나고 보니 그 체험을 해 볼 걸 하는 후회가 된다. 미리 죽음을 느껴 보았다면 살아온 길을 되짚어 보고 살아가는 일에 신중한 발자국을 떼지 않았을까 싶다. 한때 유서 쓰기에 동참한 적이 있다. 후에 읽어보니 내 희망 사항일 뿐. 신의 영역에 감히 관여할 수 없는 것들이었다.

비 오는 날, 우산을 함께 받쳐 들고 빗속을 뛰어가던 일이 종종 있다. 우산은 갈팡질팡 서로에게 떠밀리며 기꺼이 한쪽 어깨를 내놓곤 했다. 요즘엔 남의 우산 속을 기웃거릴 염치도, 그 우산 속의 공간도 내놓으려 하지 않는다. 서로의 한쪽 어깨를 고스란히 적셔버린 빗물. 적신 어깨를 서로 끌어안고 빗속을 함께 걸어가듯 살아갈 길의 이정표를 다시 정해야겠다. 뮤지컬의 여운을 안고 불빛으로 향한다.

늦은 밤 여전히 비가 내린다.

각질을 벗기다

포천에 와 본 지 여러 해가 흘렀다. 오랜만에 들른 그녀의 집 앞으로 학 두 마리가 유영하듯 날아간다. 부스스한 새벽이 걷히고 있다.

친구는 아침상을 물리고 헐렁한 바지와 모자를 꺼내주며 온천으로 길을 잡는다. 내게 목욕 바구니를 들려주고 주민 할인요금을 냈다. 서로 등을 밀어주며 세월을 느낀다. S가 목욕 바구니에서 병뚜껑을 꺼내어 내게도 건넨다. 무엇을 하려나 싶었는데 발바닥을 긁는다. 발그레하게 김이 오른 얼굴을 마주 보며 웃는다. 허옇게 불어난 각질이 술술 벗겨진다. 발바닥이 한결 보드랍다. 벗겨지는 각질과 함께 풋풋했던 시간이 일어선다.

우리는 유치원에서 처음 만났다. 동그랗게 앉아 수녀님과 기도할 때면 서로 실눈을 뜨고 쳐다보며 장난을 치기도 했다. 유치원 졸업발표회가 있던 날 꼭두각시 춤을 춘 기억도 있다. 엄마가 찍어 놓은 사진 속 우리는 언제나 유치원생이다.

단발머리와 하얀 교복이 감싸고 있던 기억. 우리는 교정에서, 하굣길에서도 월명산과 이어진 산길을 넘어 집으로 돌아오곤 했다. 산꼭대기에는 시가지를 내려다보고 있는 하얀 배 탑이 군산을 수호하고 있었다. 상징탑이다. 탑으로 이어지는 계단을 오가는 사람들의 사연이 수없이 머무는 곳이다. 우리도 그랬다.

소풍날 우발사건은 아직도 잊히지 않는다. 비가 오면 정상수업을 한다고 했다. 비가 오락가락하니 취소될 리 없었다. 친구들과 함께 걷는 대신 택시를 탔다. 소풍 장소에 먼저 도착한 것이다. 그곳에서 우리는 다른 친구들을 기다렸지만 아무도 오지 않았다. 그날 학교는 정상수업을 했다. 꾸중을 들은 것은 물론 그 일로 결국 개근상을 놓쳐버렸다.

사건은 그뿐만이 아니다. 고등학교 입시 준비로 방과 후, 영어와 수학 과외공부를 했다. 물론 친구도 함께였다. 어느 날, 공부를 마친 후 책상을 정리하고 가려는데 친구가 보이지 않았다. 한바탕 소동이 났다. 집에도 오지 않았다고 친구 아버지가 달려오고 밑이 깊은 화장실을 장대로 휘저었다. 혹시 그곳에 빠졌을까 싶어서다. 모두 걱정이 대단했다. 그러다 근조화환을 보관하는 옆 교실 문을 열었다. 하얀 교복 상의가 플래시 불빛에 드러났다. 친구가 긴 의자에 몸을 웅크리고 잠들어 있었다. 하지만 선뜻 다가갈 수가 없었다. 영결식장에서 보던 흰 꽃이 섬뜩하게 발목을 붙들었기 때문이다. 그 소란 속에서도 고단한 잠을 맛있게 자는 친구를 흔들어 깨웠다. 아무것도 모른 채, 그 애는 어리둥절했고 소란은 끝이 났다. 우리의 소녀 시절이 비누 거품 속에 일렁인다.

고등학교 배지를 달고 신이 나던 그해, 사소한 일로 친구와 다투었다. 그 겨울은 유난히 추웠다. 겨울만큼 차가운 얼음 가시가 마음을 찔러댔다. 함박눈이 내리던 날, 이모가 밖으로 나와 보라고 했다. 사철나무 위에 카드가 눈을 맞고 있었다. 친구가 놓고 간 화해의 카드에 꽃눈이 돋았다. 우정의 해빙기다. 그녀의 이층집을 오르내리며 더 많은 추억을 공유하게 되었다.

기성복이 흔하지 않았던 시절이었다. 사복은 의상실에서 맞춰 입었는데, 미술반에서 특기를 키우던 친구는 하얀 시폰으로 여름 원피스를 직접 디자인했다. 원피스 허리와 어깨선에 잔주름을 넣어 만든 옷을 우리는 자매처럼 입었다. 주인은 친구에게 감각이 있다고 칭찬했다. 그녀는 대학 졸업 후, 잠재했던 재능을 살렸다. 패션의 거리 명동, 그곳 의상실에서 디자이너 일을 했다. 손님으로 가면 패션잡지를 펼쳐 어울리는 디자인을 선뜻 골라주었다.

둘의 우정은 결혼하고도 한결같았다. 신접살이가 미덥지 않은 듯 가끔 찾아와 내 외로움을 채워주던 친구. 시댁에서 김장 배추를 가져왔다는 말에 달려와 밤새 마늘을 까고 버무릴 속을 준비했다. 주객이 바뀌어 나는 조수 역할을 하느라 정신이 없었다. 김장 속에 우리의 수다가 맛깔스럽게 섞였다. 그녀의 손은 물론 입은 옷에도 붉은 고추 물이 들었다. 시집 안 간 그녀가 나보다 더 야무지게 뒷마무리를 했다. 그리고 몇 년이 지났다. 그녀는 낯선 포천으로 이사를 했고 우리는 한동안 만나지 못했다.

요즘 친구는 복지관에서 난타를 치며 자신의 젊음을 되살리고 있다. 대회에도 참가하고 탁구, 양재기술을 배운다고 했다. 크리스마스에는 수강생들끼리 패션쇼를 열기도 했는데, 자신의 롱코트가 잘 어울린다는 칭찬을 들었다고 자랑했다. 외로울 것 같았던 그곳의 생활이 바쁘고 짜임새 있어 보여 다행이라는 생각이 들었다.

그녀가 장롱을 연다. 꽤 많은 옷이 옷걸이에 가지런히 걸려있다. 직접 만든 옷들이다. 그 솜씨가 부러웠다. 불현듯 나를 재봉틀 앞에 앉혔다. 쉽게 설명해주어 그 자리에서 푸른색 잠옷 바지를 만들었다. 입으면 꿈속이 편안할 것 같았다. 자투리 조각들을 정리하고 팔베개를 하고 누웠다. 밤을 열어두고 친구와 추억을 오래 다듬이질했다.

거실 창으로 새벽이 들어와 있다. 밤늦도록 소곤대다 설핏 들었던 잠을 깨운다. 제 옷을 몇 벌 꺼내 쇼핑백에 담아주었다. 알록달록 모아놓은 병뚜껑도 몇 개 손에 쥐여준다. 군살이 되어가는 각질을 벗겨보라는 것이다. 걸을 때마다 주머니 속의 병뚜껑이 가볍게 부딪친다.

포천이 먼 곳이라고 생각했다. 그런데 마음이 멀었다. 이제부터는 각질을 벗겨내듯 묵은 시간을 지우고, 그녀와 가끔 맨살로 만나려고 한다. 그녀는 내 친구다. 아침이 환하다.

가장 슬픈 이름

병실엔 이미 J가 퇴원한 후였다. 빈 걸음으로 돌아서는데 가까이 걸어오는 환자의 모습에 눈길이 멎는다. 낯빛이 어둡고 병약해 보였던 그, 잊혔던 K였다.

소나기라도 한줄기 몰고 왔으면 싶은 유월의 하오, 우리는 수업을 마치고 비교적 시원한 지하 강의실에서 환담하고 있었다. 그때 느닷없이 들어서는 K를 보고 적잖이 놀랐다. 여윈 얼굴에 병색이 짙어 보였기 때문이다. 그는 평소 즐기던 술 때문에 간 경변이 진행돼 휴학하고 있었다. 문득 친구들 생각이 나서 상경했다고. 사실 같은 과였지만 평소 잘 어울리지 않았던 친구였다. 우리는 자연스레 찻집으로 향했다.

K는 문학청년이었다. 그는 이과 반 수업보다 문학 강좌를 도강하며 문학 동아리에 더 열중했다. 그를 자주 볼 수 없는 이유였다. 학보에 가끔 그의 글이 실렸다. 투병 중에도 간간이 글을 쓴 것이다. 그는 글을 쓰면서 아픈 시간을 견디고 있었던 것일까. 근간의 이야기를 나누며 짧은 만

남이 아쉬운 듯 우리에게 위문편지를 부탁했다. 그는 남쪽이 고향이다. 시골이 너무 적적해서 이름 적힌 봉투만 보내줘도 우체부의 걸음을 만날 수 있으니 지루하지는 않을 것이란다. 그의 주소를 받아 적었다.

어느 날, 그가 소포로 파이로트 만년필을 보내왔다. 틈틈이 생각날 때마다 편지를 보내주면 고맙겠단다. 잠시 망설였으나 흔쾌히 약속했다. 단순한 일상이나 가벼운 느낌의 글을 옮겼다. 그는 재미없는 글을 고맙게 읽었다고 회신했다. 여러 번 글이 오가는 사이, 그의 글이 무거워졌다. 요절한 시인들을 뒤따라 가기라도 할 것처럼 자신의 운명을 받아들이고 있었다. 복수가 차고 통증이 더한 날은 엄마가 너무 불쌍하다는 심경을 적었다. 그의 아버지는 작은댁에서 사신다. 3대 독자인 자신의 뒷모습보다 어머니의 슬픔을 위로해 줄 사람이 아무도 없다는 것에 더 마음 아파했다. 원고지에 써 내려간 그의 눈물이 잉크에 번져있었다. 나는 그의 깊은 울음을 감당하기 힘들었다.

그는 병이 악화하여 다시 입원했다. 가망이 없다고 병원에서 퇴원을 종용했다. 그나마 고향의 작은 병원에서 남은 시간을 버티고 있었다. 다시 못 보는 것 아니냐는 말에 친구들이 서둘러 병문안을 가기로 했다. 우리는 우울한 생각도 잠시 접고 서울을 벗어난 기차여행에 들떴다. 지나치는 초록의 풍경이 좋았다. 남도 사투리가 정겨워 좁은 자리의 불편함도 잊었다. 병원으로 향했다. 깜짝 선물처럼 나타나려던 것인데 연락하지 않은 게 잘못이었다. 그가 아침결에 퇴원했다는 것이다.

그냥 돌아설 수는 없었다. 혹시 집으로 갔을까. 버스로 두어 시간이라는 친구의 말을 나침반 삼아 그의 집으로 가기로 했다. 버스는 비포장 자갈길에 우리를 던져 놓고 줄행랑을 쳤다. 그런데 앞장서던 친구가 한 정거장 미리 내린 것 같다며 난감한 표정을 지었다. 사람들도 좀처럼 보이지 않았다. 마침 밭머리에서 일하던 할머니에게 혹시 K의 집을 아시느냐고 물었다. 한참을 더 가야 한다는 것이다. 아무리 걸어도 그의 집은 나타나지 않았다. 구두를 신고 온 게 탈이었다. 발에 물집이 잡히고 더는 걸을 수 없을 지경이었다. 시골 동네에 어둠이 밀려왔다. 얼마나 더 걸었을까, 가까스로 그의 집을 찾았다.

대문을 두드렸다. K의 어머니가 나오셨다. 집에 없는 아들을 찾자 놀라며 아들의 행방을 되묻는다. 잠시 흔들리는 어머니의 눈빛. 하지만 당황해하는 우리 손을 잡고 먼 길을 와주어 고맙다고 아들의 방으로 안내하셨다. 그리고 어두운 부엌에서 늦은 저녁밥을 지으셨다. 책상 위에는 책, 펜, 원고지 뭉치가 가지런했다. 벽에 얌전하게 걸려있는 감색 양복이 그의 어머니와 함께 그를 기다리고 있었다.

매캐한 연기가 문틈으로 스며들었다. 군불을 지피는 그의 어머니 곁에 앉았다. 아궁이는 불길을 안으로 들이지 않고 연기를 확확 토해냈다. 그의 부재를 알리는 모양이다. 오래 비워 둔 탓이라며 머릿수건으로 눈물을 훔치는 모습에 마음 아팠다.

우리는 다시 서울로 돌아왔다. 한동안 그의 어머니가 뇌리에서 맴돌았다. 길이 어긋났던 것은 아들에게 민간요법이라도 해보려던 그의 아버지가 여러 곳을 다녔기 때문이다. 지금은 고향에서 잘 지낸다는 편지를 보내왔다. 다행스럽게도 지어 온 약을 먹고 차도가 있는지 집에서 겨울을 나고 있었다. 폭설이 내려서 한동안 배달되지 않은 편지를 한꺼번에 받고 보니 기다림에 대한 보너스 같다며 기뻐했다. 그는 오랜만에 처마 밑에 닿은 볕을 쬐듯 밝아 보였다.

얼었던 냇물이 풀리고 진초록 잎들이 산하를 채워갈 때쯤, 나는 그에게 소식을 끊었다. 내 마음을 짐작한 듯 그의 편지도 오지 않았다. 사실 그를 생각하면 답답했고 그의 죽음이 두려웠다. 편지 쓰는 횟수를 줄였다. 내용을 짧게 쓰고 감정을 배제했다. 그의 말에 대꾸하지 않는 날이 많아졌다. 그러다 편지를 끊은 것이다. 죄책감을 안고 시간은 흘러갔다.

그해 여름, K의 친구라며 전화가 왔다. 바닷가에 요양 중인 K가 한번 보고 싶어 한다는 것이다. 나는 단호하게 거절했다. 가끔 친구들은 그의 안부를 모르니 생사가 걱정된다는 말을 했다. 그들의 얘기에도 끼어들지 않았다. 그와 가장 친했던 친구가 남도 행 기차를 타겠다고 했지만 따라나서지 않았다.

그는, 그가 지켜줄 수 없는 어머니 곁을 영영 떠났다. 연락이 끊긴 지 서너 달쯤 지나서다. 친구가 그의 무덤에 술 한 잔 붓고 왔다는데 회한의 눈물이 고였다. 철들지 않아 환우의 외로움에 인색했던가. 죽음에 대한 슬픈 멍에가 될지도 모를 것 같아 주춤거렸던 탓이다. 그가 병마와 싸우면서도 원고지를 놓지 않았던 건 글에 대한 사랑이었는지, 남은 시간을 견디기 위한 사투였는지는 모를 일이다. 하지만 원고지를 붙들고 토해내던 아픔을 나는 함께 나누지 못했다.

그를 찾아가 마른 손을 잡아주지 못한 것이 오래도록 후회스럽다.
시간이 그렇게 지나갔다.

시간 여행

인사동에 석양이 내려앉는다. '시간 여행'의 통로를 열어 둔 가게 문으로 들어선다. 오래된 인형들이 진열되어 있다. 재질과 형태에 공을 들였을 인형들이 사로잡는다. 나무를 섬세하게 깎아 만든 것, 토우, 화려한 한복에 타래 머리, 검정 치마에 흰 저고리를 입은 쪽 찐 여인들이 과거의 문으로 안내한다. 댕기 머리 처녀 인형을 보며 구경하는데 구석에 별반 예쁘지도 않은 못난이 고무 인형이 히죽 웃으며 세월 밖으로 밀려나 있다. 못난이 삼 형제라 불리던 친구들이 타임캡슐을 연다.

고등학교 졸업 30주년 기념행사를 하던 날이다. 내가 타고 있는 버스는 오래 잊고 지내온 모교로 향했다. 차 안은 장터처럼 왁자하고 배를 움켜쥘 듯한 웃음소리로 가득하다. 차창 밖 들녘에는 모내기를 마친 논이 질서정연하게 보이고 그 옆 논에도 드문드문 보리가 누렇게 익어가고 있다. 이제 당분간 들일을 게을리해도 될 것만 같이 한가롭게 보인다.

모교가 가까워질수록 좁은 길과 건물이 눈에 들어온다. 학교에 인접한 골목 언저리에는 국화빵과 꽃 만두를 팔고 있던 아줌마가 앞치마와 머리에 밀가루를 묻힌 채 반갑게 달려올 것 같다. 학창시절, 풀 먹인 하복을 단정하게 입고 훈육 선생님의 눈초리를 피하며 등교하던 문으로 들어선다. 아래 운동장을 내려다보고 서 있는 나무는 아름이 굵어지고 내게는 세월이 내려앉아 있다.

밴드부의 연주가 강당에서 들려온다. 재학 시절, 행사에 앞장서던 기수들과 밴드부의 악기와 멋진 의상을 입은 친구들이 연주하는 착각이 든다. 감격과 흥분으로 축제 분위기가 고조되었다. 재학생들이 색깔 별로 반 표시를 해서 만들어준 이름표를 가슴에 달고서야 고교 시절의 얼굴을 찾아낼 수 있었다. 알 듯 모를 듯한데, 살짝 웃는 그 애의 입속에서 언뜻 내보이는 덧니! 특별한 추억을 공유했던 K였다. 아줌마의 이미지에서 수줍고 여린 얼굴을 되찾았다. 얘는 하나도 안 변했어라는 말보다 어쩌면 너는 눈가에 주름이 예쁘네 라는 말이 더 정겹다.

기념행사는 1부와 2부로 나누어 먼저 본교를 찾아보고 현 교장 선생님의 축하 인사말을 듣기로 되어 있다. 교장 선생님의 인사말을 듣는 둥 마는 둥 가장 아름답게 각인되어 있던 생활관 '향파료'로 앞다투어 몰려갔다. 그곳에서 재학시절 일주일간 합숙하며 예절교육을 받았었다. 그때의 생활관은 어디에도 없다. 아니, 이럴 수가. 돌계단을 밟고 오르면 대숲을 지나는 바람 소리가 늘 향파료를 에워싸고 있었는데. 무섭기도 하던 대숲, 비밀 이야기가 수런거리던 기억이 송두리째 사라졌다. 세상 바람 소리에 부대끼다 보면 가끔 향파료 대숲에 이는 바람 소리가 그리웠다. 지금 아름다운 추억을 잃어버리고 말았다. 다시 만나지 말았어야 하는 첫사랑처럼, 그렇지만 그때는 있었던 기억을 찾기로 한다.

추억은 대상만 떠올려도 살아 움직이는 사연을 끌어낸다. 학창시절 생활관에서의 모습이 아름답게 투영된다. 한번은 저녁 무렵부터 없어진 M을 찾느라 생활관이 발칵 뒤집혔다. 아무리 찾아다녀도 보이지 않았다. 혹시 집에 갔을까. 이런저런 상상과 걱정을 하며 우리는 잠자리에 들 준비를 했다. 어머나! 이불을 꺼내던 친구가 비명을 지르며 소스라치게 놀랐다. M이었다. 그 애는 컴컴한 벽장 속에서 너무나 편안하게 잠들어 있었다. 밖에서는 M을 찾느라 야단법석이었는데 말이다.

생활관의 일주일 동안 나는 주부라는 명칭을 얻었다. 억지로 맡겨졌는데 입실을 조금 늦게 한 벌쯤으로 생각했다. 저녁밥을 먹고 자리에 들면서 연탄불 단속과 사감 선생님의 자리끼를 챙기는 임무가 맡겨졌다. 어느 날엔가는 사감 선생님께서 부엌일을 해본 적이 없는 내게 하필이면 수제비 반죽을 시키셨다. 나는 생각 없이 물을 부었고 밀가루 반죽은 멀건 죽이 되었다. 부엌에 있는 밀가루를 모두 넣고도 수제비 반죽은 되지 않았다. 결국, 한 친구가 교문 앞 가게로 뛰어가 밀가루를 사 왔고 먼저 죽이 된 그릇은 비우고 그 애가 서둘러 다시 반죽했다. 그 친구가 고마웠다. 그리고는 가슴이 콩닥거려 선생님을 똑바로 바라볼 수가 없었다. 아무래도 그 일을 안다는 눈치였다.

긴 나무 의자에 여럿이 앉아 노래 부르던 음악 시간, 마룻바닥이 낡아

삐거덕거리던 음악당. 선생님의 절대음감은 호락호락하지 않아 점수에 인색하셨지. 개미 신사 별명인 선생님 귀에 들기 위해 잔뜩 긴장해야 했던 시간이었다. 그곳도 사라지고 장학생 합숙소가 되었다. 음악당 앞 잔디밭은 라면땅 과자를 갖고 들어가 키득거리며 보내던 곳이다. 지금은 모교를 기억할 때 사진 속에만 있을 뿐. 보랏빛 꽃송이를 늘어뜨린 등나무 만이 오월 속으로 우리를 맞이했다.

2부 기념행사를 위해 학교를 떠나 시내의 호텔로 들어섰다. 담임선생님은 크고 마른 모습과 걸음걸이만 보아도 얼른 알아볼 수 있었다. 백발에 쇠약해진 모습이다. 앞줄의 우리를 라이터돌이라고 불러주시던 선생님. 마음이 짠했다. '과학 하는 여성'이 급훈이었는데 나는 과연 선생님의 가르침을 따라 살고 있는지….

불어 선생님은 그날도 멋진 샹송을 부르셨다. 처음 우리에게 프랑스 시와 샹송을 알려주신 분이다. 세월을 비껴가신 듯 젊어 보이셨다. 그때 배운 시가 입속에서 맴돌곤 한다. 제2외국어는 유행 옷을 입듯 그렇게 산뜻했다. 그런데 신선함에 적응하는 동안 동음의 발음은 우리의 웃음을 자아냈고 때로는 선생님을 얼마나 화나게 하였던가. 학창시절의 옛 모습을 찾아내며 시간이 바삐 흘러갔다.

에피소드 하나, 전에 동창생 두 사람이 수영을 배우러 다녔다고 한다. 시간이 지나 친하게 지내게 되어 사는 곳을 말하며 경장동 아줌마, 구암동 아줌마로 부르곤 했다나. 그런데 동창회에 같이 참석해서 만났다. "아니 여기는 웬일이야?" 그러자 둘을 바라보던 친구가 말했다. "너희들 동창이잖아!” 두 사람은 수영 기초반에 등록하고 짝이 되어 친하게 지냈다며 박장대소했다.

특별히 마련된 선유도 뱃길 여행 역시도 웃고 떠드는 바람에 제대로 섬의 멋진 모습을 눈에 담을 겨를이 없었다. 얼마나 시끄러웠는지 선실에 같이 승선했던 여행객에게 주의까지 들었다. 1박 2일의 동창회는 배가 산으로 올라가는 것 같았다.

바람이 싱그럽다. 노을처럼 곱게 물들어 가는 날, 또 한 번의 타임 캡슐을 열어볼 수 있기를.

퀼트 조끼

퀼트 가게로 들어섰다. "어서 오세요. 금방이라도 눈이 올 것 같지요?" 반색하며 난로 가에서 동호인들이 발그레한 웃음꽃을 피운다. 목에 두르고 있던 머플러를 풀고 따뜻한 차 한 잔을 마시자 얼었던 몸이 녹아내린다.

퀼팅은 누빈다는 뜻이다. 누비는 일은 겉감과 솜 그리고 안감이 하나가 되게 한다. 빼곡하게 진열한 천을 꺼내 만져보고 고르면서 희고 동그란 얼굴을 떠올린다. 조끼를 선물 할 Y선생이다. 연둣빛 천에 작고 빨간 장미가 앙증맞게 피어 있는 융을 골랐다. 그녀의 느낌처럼 부드럽고 포근하다. 조끼를 만들어 티셔츠에 가볍게 걸치면 잘 어울릴 것 같다. 살짝 웃던 그녀의 모습에 내 미소를 겹쳐본다.

Y선생은 남편이 어려운 고비를 겪을 때마다 신기한 영약을 건네주던 사람이다. 그녀는 우리 마음에 덧 솜을 대주고 훈훈한 숨결을 느끼게 해주었다. 고마움을 전해야겠는데, 겨우 생각해 낸 것이 퀼트 조끼였다. 색

의 조화를 통해서 멋진 작품을 얻을 수 있지만 시작한 지 얼마 되지 않아 완벽한 작품은 기대할 수 없었다. 그래도 고마움은 마음으로 전해야 했다.

"재봉틀로 드르륵 박음질하면 될 텐데."

남편이 기웃거리며 말을 보탠다. '서툰 바늘땀에 내 정성을 퀼팅하고 있는데 알 턱이 없지.' 천에 옷본을 놓고 모양을 그려 가위질을 한다. 겉감에는 마름모꼴로 누빌 수 있게 초크로 선을 긋는다. 시침한 뒤에는 바늘땀을 열심히 옮겨야 한다. 천을 누비고 있어야 할 바늘이 간간이 손가락을 찌르는 것은 감수해야 하는 일이다. 홈질로 누비기 시작한 지 사흘 만에 드디어 모양을 갖추었다.

완성된 조끼를 포장했다. 우편으로 보내려다 직접 입혀주고 싶은 마음에 그녀의 사무실을 방문했다. 유달리 흰 피부의 Y 선생에게 연둣빛 조끼를 입히자 얼굴이 환해진다. 그녀는 조끼가 마음에 꼭 든다며 거울 앞을 떠나지 않았다. 기뻐하는 그녀의 마음이 고마웠다.

어느 날 남편이 친구 부인 J 씨의 미술 전시회 초청장을 내밀었다. 달갑지 않았다. 병원에서 퇴원한 지 4개월밖에 되지 않은 남편의 모습이 초췌해서다. 결혼하면서 꿈을 접었다는 그녀. 하지만 혼수품과 함께 이젤은 잊지 않고 챙겼다고 한다. 이제 아이들이 제 몫을 하게 되어 늦었지만 꿈을 펼치는 중이다. 전시장은 잔잔한 수채화가 마음의 결을 푼다. 그림을 따라 발걸음을 옮기는 동안 조용한 실내음악에 젖는다. 혼란스러웠던 일상이 조용히 가라앉는다. 얼마 후 관람을 끝내고 피곤해 보이는 남편을 재촉해서 돌아서려는데 그림 한 점을 선뜻 내준다. 「보통리 저수지」라는 작품이다. 아픈 남편을 위로하는 뜻인데 가슴이 뭉클했다. 흐린 갈색과 연노랑의 색채가 호수를 에워싸고 있어 적막하다. 하루하루를 겨울처럼 살고 있어서인지 더 쓸쓸하게 체감했는지도 모르겠다.

그림을 거실에 걸었다. 그림 속의 호수에는 가본 적 없지만, 그곳의 물빛과 꽃향기를 상상하며 물가로 다가간다. 때로는 적막하게 때로는 막연한 외로움이 느껴지던 그림. 특히 잠 못 이루는 밤에는 말없이 오래도록 바라보기도 했다.

이번 조끼에는 봄을 담기로 했다. 그녀가 야외 스케치할 때 걸치면 등이 따뜻할 것 같다. 가게 안에는 봄빛처럼 밝은 천들이 눈에 들어온다. 인디언핑크 천을 골랐다. 하얀 블라우스나 청 셔츠 위에 덧입으면 좋겠다. 며칠 만에 조끼가 완성되었다. 멋진 화가에게 보내는 내 어설픈 그림처럼 부끄러웠다. 옷과 함께 그림에 대한 감사의 마음을 적어 보냈다. 그 후에 우연히 함께 한 그녀 남편이 아내는 조끼를 자랑하며 즐겨 입는다고 했다. 옥수수가 익어가니 밭에 한번 놀러 오라고도 했다.

그들과의 대화는 항상 따뜻하다. 조각과 조각을 잇고 패치가 완성되면 솜을 두어 퀼팅을 하듯이 나는 고맙고 애틋한 마음을 생각하곤 한다. 천에 솜을 덧대고 한 땀씩 촘촘히 누벼가는 바느질처럼. 마음에 사랑이라는 충전재를 넣어 겹을 누빈다.

나는 두 벌의 퀼트 조끼를 만들었다. 그들이 나누어 준 것에 감사했다고, 진심을 전하고 싶었다. 봄바람이 보통리 저수지로 걸음을 옮기고 있다.

해우소의 기억

선달그믐, 오랜만에 시댁 조카들과 한자리에 모였다. 편을 가르고 "모야, 윷이야." 상대의 말을 잡으며 윷놀이가 한창이다. 밤이 깊어가는 줄도 모르고 집안에 웃음소리가 넘친다. 밤참으로 식혜를 곁들여 방안에 술상을 들이고 한숨 돌려 화장실로 발걸음을 옮겼다.

헛간 옆 재래식 화장실에 삐걱거리는 판자 문을 밀치고 들어서자 판자 문에 붙어 있는 농사일정표에 눈길이 머문다. 벼를 심고 거두기까지. 약을 치는 시기 등 안팎의 일을 꾸려가는 손윗동서의 일상을 보는 것 같아 짠하다. 얼기설기 덧댄 판자 문 틈새로 방향을 잃은 눈발이 얼굴로 차갑게 떨어진다. 앉았던 몸을 일으키는 데 나무발판이 기우뚱한다. 발판이 닳아 평형감각을 잃은 것 같다.

신혼 시절, 종갓집의 명절은 유난히 번잡해서 화장실에 들어가 자투리 휴식을 즐기곤 했다. 새끼를 꼬아 만든 성근 망태기에는 농민신문과 조카의 공책이 폐지로 들어있었다. 농민신문의 글이 잘려나가 내용을 다 읽지 못하고 짐작으로 상상하거나 조카의 받아쓰기 공책에 삐뚤빼뚤 써놓은 글씨를 보며 혼자 웃기도 했다. 내 어릴 적 부끄러운 사건도 생각이 난다.

열한 살 때, '은적사'에서 일어난 사건을 식구들은 고향을 추억하는 목록에 두고 들춰내곤 한다. 어머니는 새벽부터 절에 가기 위해 김밥 준비를 하며 바쁘게 움직였다. 순이 언니는 콧노래를 부르며 김밥을 찬합에 담고 삶은 달걀과 절에 시주할 쌀을 보따리에 챙겼다. 산수 공부를 가르쳐준 영수 삼촌이 보따리를 거들었다. 여동생은 끈이 달린 물병을 어깨에 걸고 밀짚모자로 멋을 부렸다.

길가의 벚꽃은 구름처럼 피어올랐고 꽃잎이 바람에 날리며 어머니의 분홍 한복에 수를 놓았다. 흩뿌리는 꽃잎을 쫓으며 동생과 나는 마음껏 달렸다. 파란 물빛이 드리운 수원지를 거쳐 '은적사'에 도착했다. 내가 화장실이 급하다고 하자 어머니가 화장실에 들어가려다 내게 양보를 했다. 삐걱거리는 화장실 문을 밀치고 들어서니 커다란 독 위에 나무판자 두 쪽이 걸쳐 있다. 그 위에 발을 올려놓으며 '어 빠질 것 같은데'라는 생각이 스친 순간이었다. 판자가 기우뚱거리며 오른쪽 발이 미끄러져 분뇨가 차 있는 독으로 빠져버렸다.

내 고함에 놀란 가족들이 달려왔다. 순이 언니는 정강이까지 빠진 내 다리를 순식간에 들어 올렸다. 오물이 묻은 신발도 아깝다며 장대를 찾아 꺼내 놓았다. 주변에 봄나들이를 나온 사람들이 힐끔거렸다. 세 살 터울

동생까지 냄새가 난다고 코를 움켜쥐고 내 주위를 뱅뱅 돌았다. 다리를 끌며 가까운 우물가로 가는 동안 땅이 내려앉기라도 했으면 좋겠다는 생각이 들었다. 영수 삼촌은 두레박으로 물을 퍼 올렸고 언니는 팔을 걷어붙이고 내 몸을 벅벅 문지르며 말끔하게 씻겼다. 식구들은 어머니가 먼저 화장실에 들어갔더라면 어쩔 뻔했냐며 다행이라는데 그 말은 귀에 들어오지도 않았다.

절에 드나들던 사람들의 염원을 따라 근심을 풀어주었을 해우소, 두 발을 얹으면 편안하게 버텨 주었을 나무발판이다. 세월이 흐르는 동안 열한 살 몸집도 버텨내지 못하고 견디다가 '참을 수 없는 존재의 가벼움'을 드러낸 것이 아닌가.

은적사 소동이 있고 나서 그동안 순이 언니에게 가끔 투정 부렸던 일이 마음에 걸렸다. 나름대로 언니가 내 머리를 빗길 때 아파도 잠자코 참았고, 언니를 도와 마루 청소도 거들었다. 가끔 화장실을 찾느라 꿈을 깨곤 했는데 어쩌면 그때의 소동이 잊히지 않기 때문인 듯하다.

그 소동을 두고 어머니는 절에 간 길이라 그만했다고 믿으시는 것 같다. 민속을 신앙으로 받아들였던 어머니는 집안 식구들 눈에 핏발만 서도 손 있는 날 못을 박아 동티가 난 거라 했다. 밖에서 사 들고 온 물건은 꼭 소금을 뿌리고 집안으로 들이셨다. 그 절차를 치르면 큰 탈이 없다고 믿었다. 자식들이 많다 보니 잔병치레가 잦았고 어머니만의 비방이었다. 동짓날 팥죽을 쑤어 집 안팎에 뿌리며 마음을 쓰는 어머니에게 불만도 많았지만 이만큼 건강하게 지내온 것도 어머니의 순수한 기원 때문이 아닐까 생각한다. 덕분에 동짓날 밤, 온 식구가 둘러앉으면 흐벅진 웃음이 울 밖을 넘었다.

시댁에서 설을 쇠고 친정에 갔다. 어머니는 요즘 뭔가를 정리하고 계신 듯하다. 며칠간 앨범을 정리했다며 사진관에서 찍은 가족사진과 분홍색 한복을 입고 벚나무를 배경으로 찍은 사진을 함께 내민다. 어머니의 추억이 가장 곱게 담긴 사진이다.

오랜 세월 어머니에게 기대어 근심과 걱정을 풀어냈다. 그 손길이 닿지 못할 때를 생각하니 눈물이 핑 돈다. 화장실로 돌아가 물을 크게 틀었다. 물소리가 가슴으로 흘러든다.

불씨를 받다

어머니는 열 명이 넘는 식구들을 위해 아궁이에 장작불을 지폈다. 그리고는 날마다 정갈한 마음으로 비손을 했다. 부엌에 조왕신*이 사신다고 믿었다. 가족의 건강을 약속받는 경건한 일이었다.

신의 불씨가 배달되었다. 11월의 신부에게 시작이라는 의미와 함께 부엌이 생긴 것이다. 내 부엌에서도 어머니가 했던 것처럼 불씨를 다루며 손맛을 살려내는 임무가 주어졌다. 추운 새벽에 일어나 풍로에 불을 붙이고 동동걸음을 쳤다. 서툰 살림에 어머니의 김장김치가 겨우 눈가림이 되었다. 김치를 송송 썰고 멸치를 조금 넣어 한소끔 끓이면 얼큰한 해장국이 만들어졌다. 저녁이 되어 어둑해지면 돼지고기 몇 점이 들어간 김치찌개를 만들어 그를 기다렸다.

유난히 추운 겨울, 거나하게 취한 그가 허공을 짚듯 철 계단을 비틀걸음으로 올라온다. 그런 날이면 언덕 위의 이층집은 멀고도 먼 길이었을 것이다. 그의 일상은 밖으로 나설 때 더 혹독하다. 한 가정의 화덕에 불씨를 꺼뜨리지 않으려고 외풍과 싸워야 하는 시간일 테니…. 심지에 불을 붙여 국을 데우는 동안 식었던 마음에 온기가 번진다.

이른 봄, 시어머님이 집에서 띄운 메주로 장을 담가주러 오셨다. 재래시장에 가서 한 말이 넘게 담길 독을 골랐다. 장은 묵혀가며 먹어야 좋다고. 작은 항아리도 서너 개 더 샀다. 반지르르한 항아리들이 셋집 장독대에 세를 들었다. 남향집 창문에 햇살과 바람이 찾아오면 장 항아리마다 뚜껑을 열었다. 햇볕은 천천히 항아리 속의 장을 숙성시켰다. 장을 뜨자 짙은 갈색에 구수한 향이 났다. 주인집 할머니가 메주가 잘 떠서 간장 맛이 좋다고 하셨다. 깊어지는 이치를 배우며 시댁의 맛을 겨우 이어갔다.

시어머니님의 부엌에서는 송진 냄새가 났다. 시댁에는 시도 때도 없이 사람들이 드나들었고 나뭇간은 일꾼이 나뭇짐을 해 놓기가 바쁘게 비워졌다. 아궁이에서 살라낸 불꽃들이 그을음으로 덧칠하고 또 덧칠한 부엌. 불과 함께 시어머님이 늙어간 곳이다. 군불을 지펴 물을 데우고 새벽밥을 짓느라 항상 김이 서리던 곳. 그 새벽이 새 살을 파고든 것처럼 아팠다.

부엌에 불꽃을 올린 지 한 해를 넘기고, 작은 내 집을 갖게 되었다. 석유심지에 불꽃을 사르는 대신 가스레인지에 불을 켰다. 석유 냄새를 맡지 않아도 되니 좋았다. 차츰 살림에 눈을 떠가며 어머니가 조왕신에게 다짐했듯이 그 길을 따라 간다. 생명을 쥔 불꽃. 날 것의 생을 탈바꿈하는 부엌, 그 부엌에서 나는 아이들과 남편을 위해 오랜 시간 꿈을 요리해왔다. 그렇게 긴 시간이 지나갔다.

결혼한 아들 집에서 식사하기로 했다. 자연스레 시어머니의 촉각을 세워 부엌부터 살폈다. 음식 맛을 봐달라며 며느리가 찌개 국물을 떠서 건넨다. 내 김치찌개 맛을 뛰어넘고 있다. 가르친 것도 없는데 뿌듯했다.

불씨를 다스리는 동안 친정의 습성과 시댁의 낯섦이 자연스레 어우러져 새로운 문화를 형성한다. 점점 첨단화되어가는 주방에도 불씨는 꺼지지 않고 생명을 잇고 있다.

조왕신*: 부엌을 지키는 신

눈 녹는 소리

겨울 산을 오른다. 굴다리 골목 시장을 지나면 청계산으로 질러가는 길이다. 시장 안에도 칼바람이 분다. 지붕 삼아 잇댄 비닐이 바람에 팔락인다. 한 줄로 길게 뻗은 좌판, 그 줄에 콩나물장수 할머니가 유독 눈길을 끈다. 콩나물시루 위에 눈이 소보록 하게 덮여 있다.

신발이 자꾸 미끄럼을 탄다. 조심스레 약수터에 오르니 물통 두 개가 덩그러니 놓여 있다. 누군가 가져가지 않았는지 흘러내린 물이 빙판을 이룬다.

하얀 눈을 뭉쳐 산 쪽으로 무심히 던져본다. 나뭇가지에서 작은 새가 포르르 날아오른다. 새들이 서로의 소리로 답하며 자리를 옮기고 산은 다시 고요하다. 어릴 적 눈사람 만들던 기억, 시린 손에 입김을 불며 눈을 굴린다. 작은 눈사람이 되었다. 눈사람도 가시에 찔려 아팠을까. 손의 온기로 눈사람에 물기가 어린다.

나뭇가지마다 소보록한 하얀 눈, 금세 가지가 휠 것 같더니 그 눈이 '철퍽' 녹아서 떨어진다. 가슴이 덜컥 내려앉는다. 산이 속내를 감추고 침묵하다 목구멍에 걸린 가시라도 뱉어내려는 몸짓 같다. 잔바람은 바스러지다 남은 잎 하나를 들어 올린다. 텅 빈 겨울 산, 갑자기 한기가 든다.

오래전 어머니가 끓여주시던 콩나물국이 먹고 싶다. 그 시절엔 대부분 집에서 콩나물을 길렀다. 자배기 위에 쳇다리를 걸치고 그 위에 정성껏 가려낸 콩을 시루에 안쳤다. 어머니는 수시로 검은 보자기를 들추고 물을 주었다. 제때 물을 주지 않으면 잔뿌리가 많아져 질기다. 정성을 기울이지 않으면 콩나물도 살이 오르지 않는다며 주무시다가도 물을 주었다. 한밤중에 시루 밑으로 빠져나오는 물소리, 마음에 수를 놓다가도 근원으로 돌아가는 이별 같아서 슬펐다.

어머니는 식구들이 감기에 걸리면 노랗게 올라온 콩나물을 다듬어 얼큰하게 국을 끓이셨다. 아버지가 약주를 드신 다음 날 아침 시원한 해장국이 되기도 한다. 젓가락질이 서툴러 넓적한 무를 젓가락에 꿰어 먹는다고 야단 아닌 걱정을 하시던 어머니와 형제들이 함께했던 밥상머리. 어머니의 콩나물국이 생각나는 것을 보니 지금 지독한 감기를 앓는 모양이다. 나도 어머니처럼 졸아드는 찌개에 물을 부어가며 그이를 기다리던 때가 있었는데.

산에 오르는 내내 콩나물시루를 끼고 앉은 할머니가 마음에 걸린다. 눈 녹는 소리, 어쩐지 빨리 내려가라는 환청으로 들린다. 서서히 꼬였던 심사가 누그러진다. 못난 눈사람을 내려놓고 미끄러지며 구르듯 산에서 내려온다.

뒷덜미를 잡아끌던 콩나물시루를 향해 달려간다. 할머니의 거친 손이 깊은 세월을 펴 보인다. 할머니의 콩나물엔 이미 살얼음이 끼었지만 넉넉하게 샀다.

몸살을 다스리기 위해 콩나물국을 얼큰하게 끓여야겠다. 어머니처럼 콩나물국 얼큰하게 끓이고 그이와 마주 앉으면 서로에게 상처 내던 가시도 빠져나올 것 같다. 속상한 일도, 지나고 보면 물이 되는 '눈' 같은 것을…. 산속에 '철퍽'하는 눈 녹는 소리가 메아리로 남는다.

겨울바다에서

겨울 바다를 찾았다. 썰물의 바다는 멀고 조용했다. 허연 입김이 바다를 향해 내달았다. 개펄에 남은 물기가 얼어붙어 소금밭처럼 반짝이고 어선과 쪽배는 발길이 묶여있다.

'그림 같은 바다!'

개펄에 주저앉은 쪽배에 눈길이 머문다. 앵글을 맞추는 J의 모습이 떠오른다. 동행했던 시간이 눈에 선하다.

그녀는 아마추어 사진작가다. 일본어 강좌를 듣게 되면서 정이 들었다. 3년을 함께 보내는 동안 격의 없이 서로 버팀목이 되었다. J는 사진을 핑계로 가끔 풍광이 좋은 곳으로 우리를 이끌어 생활의 윤기를 더해주곤 했다. 어느 날 강의시간이 끝나고 휴게실에서 차를 마실 때였다. 그녀의 표정이 어두웠다. 한동안 말이 없었다. 무슨 일이냐고 묻는 나의 재촉에 그녀는 나지막한 소리로 말했다. 이민 가게 되었어. 얼른 실감 나지 않았다. 자세한 사연은 알 수 없었으나 그녀의 슬픔을 보듬어 줘야 했다.

자주 어울렸던 J와 L과 나는 만사 제치고 강원도로 이별 여행을 떠났다. 해안도로는 한적했다. 길게 펼쳐진 쪽빛 바다는 참으로 고왔다. 강원도의 산하를 누구보다 사랑했던 그녀, 그녀는 이따금 신들린 사람처럼 카메라를 챙겨 이곳으로 새벽같이 달려오곤 했다. 그러나 딸을 남겨두고 떠나야 하는 그녀의 속마음은 수없이 부서지는 저 파도의 포말과 같지 않을까. 찝찔한 바다 냄새가 실려 와 차 안의 무거운 침묵을 쓸고 나갔다.

가끔 울적하거나 무기력해질 때 '도시의 화장기를 지워버린 맨얼굴' 같은 시장에 간다. 시장 사람들의 활기와 인간미 넘치는 삶에 합류하며 나태한 나를 반성하고 위안을 받아서다. 마침 주문진항에 들러보면 어떨까 하는 생각이 들었다. 우리는 주문진으로 내달렸다. 포구에 정박한 여러 척의 오징어잡이 배가 집어등集魚燈을 매달고 환상적으로 출렁거렸다. 어시장은 활어의 생동감과 삶의 소리로 시끌벅적 붐볐다.

울적했던 마음이 조금 가라앉아 다시 봉포로 향했다. 가는 도중 잔교리 해수욕장 앞에서 잠시 차를 세웠다. J는 말없이 굽이치는 파도 앞으로 달려갔다. 그리고 백사장을 느릿느릿 걸었다. 만감이 교차하는 듯…. 하늘도 그녀의 마음을 알았는지 눈물처럼 빗줄기를 쏟았다.

점심은 L과 친분이 있다는 횟집에 가기로 했다. 비가 내리는 탓에 예약한 시간보다 조금 늦었지만, 주인이 우리 일행을 무척 반갑게 맞이했다. 바다가 탁 트인 자리에 앉았다. 어느새 살이 오른 파도는 포말을 흩뿌리며 밀고 왔다가 이내 또 밀려갔다. 사람의 만남과 헤어짐도 이처럼 끊임

없이 오가는 것이 아닐는지. 새벽같이 달려온 긴장이 조금 풀렸다. J와 우산을 쓰고 빨간 등대가 저만치 보이는 방파제로 나갔다. 비는 얼른 멈출 것 같지 않았고 방파제를 때리는 파도는 더욱 세찬 포말을 일으키며 대들었다. 그녀가 처한 이혼의 아픔에 젖어 우리는 몸을 고스란히 적셨다. 오히려 후련했다. 서로 팔을 낀 채 한동안 서 있었다.

강원도에 정리情理를 묻고 귀경길에 올랐다. 영동고속도로를 찾아 한 30분 달렸을까 차의 속도가 갑자기 떨어졌다. 전조등이 흐려지더니 불빛이 사라질 듯 깜빡거렸다. 다행히 차는 평창휴게소까지 버텨 주었다. 그제야 보험회사에 전화했다. 상황설명을 들은 상담자가 제너레이터가 망가진 것 같다고 했다. 한참을 기다린 뒤에야 견인차가 왔다. 부품이 있을 만한 가게를 찾았지만 다들 문이 닫혀있었다. 허둥대는 우리에게 기사가 자신의 가게 앞에 있는 중고차가 차종이 같으니 그 차의 '제너레이터'를 떼어내 이용하자고 했다.

차를 처리하는 동안 우리는 썰렁한 가게에서 마냥 기다렸다. 세월의 더께가 덕지덕지 앉은 소파와 아무렇게나 널브러진 물건들이 어수선했다. 이따금 바람이 쳐들어 와 한 장 남은 12월의 달력을 흔들었다. 춥기도 하고 초조하기도 했다. 기사가 두 시간이 넘게 씨름했지만, 시동은 걸리지 않았다.

전날 남편과 작은 다툼이 있었다. 꼭 그 밤에 돌아가야 한다는 생각이 머릿속을 휘저었다. J도 다음날 일찍 처리할 일이 있다고 했다. 차주인 L만 남겨둘 수밖에 없었다. 무거운 마음으로 귀경을 서둘렀다. 택시가 잡힌 게 자정 가까운 시간이었다. 가로등도 없는 컴컴한 길을 전조등 불빛을 앞세워 뚫고 나갔다. 혼자 남은 L이 마음에 걸렸다. 날이 밝자마자 전화기를 들었다. 그녀의 목소리가 물먹은 솜처럼 무겁게 들렸다.

자동차의 작은 고장은 부품을 갈아 끼우면 된다. 부부의 작은 다툼의 앙금도 씻어내면 그만이다. 하지만 앙금이 깊어지면 부품을 교체할 수조차 없는 차의 처지와 같아진다. 함께 나가야 할 인생이라는 자동차도 궤도 이탈을 하게 된다면 더 나갈 수 없을 것이다. J는 아픔을 감내하면서 이혼을 했다. 그리고 재혼으로 인생의 길을 수정했다. 바뀐 환경에서 건강하게 생활한다는 반가운 소식을 전해왔다.

겨울 바다에 동행했던 그 날을 추억하며 그녀를 그리워한다. 오래오래 기억하자던 우리의 다짐이 소라고둥이 되어 내 귀를 파고든다.

이른 아침 빗속에서

책을 반납하려고 비 오는 이른 아침 길을 나섰다. 책을 빌려 읽을 때마다 가슴으로 내려앉는 사연에 뭉클해지곤 한다. 반납함에 책을 밀어 넣으니 텅하고 떨어지는 소리가 유난히 크게 들린다.

이내 차를 돌린다. 어느새 빗길 운전이 조금 편해져 마냥 달리고 싶다. 새로 갈아 끼운 카세트테이프에서 러시아음악 「백야」가 흐른다. 단조의 흐름이 단절된 공간 속에서 차체를 두드리는 빗소리와 어울려 또 다른 음의 조화를 이룬다. 동그랗게 또는 조금 길게 서로 다른 모양으로 유리창에 내리꽂히는 물줄기와 묘한 이중창이 된다. 주차공간에 차를 세우고 흐르는 음악에 스며들듯 그대로 머무른다. 마음은 아득해진다.

두 개의 우산 속에 하얀 블라우스의 모습이 언뜻 스쳐 지나간다. 우산은 그대로 고등학교 때의 교문으로 걸음을 옮긴다. 고교 시절 한여름 장마를 겪을 때마다 빗줄기는 비포장도로의 벌건 흙을 파헤치며 미처 도랑으로 흘러내리지 못하고 흙탕물이 솟구치곤 했다. 신작로에서 흙길로 이어진 등하굣길이라 황토물이 하얀 운동화에 배어들었다. 분필로 문질러 보지만 누렇게 변색 되어 마음에도 얼룩이 내려앉았다.

무엇에 흠뻑 젖고 싶었던 시절이다. 우산을 준비하지 않은 날, 하굣길에 소낙비를 만나게 되면 젖을 핑곗거리가 생겼다. 그냥 빗속을 걸었다. 운동화가 마르지 않을 걱정도, 물에 빠진 생쥐 꼴이 되어 블라우스가 착 달라붙는 것도 아랑곳하지 않았다. 단짝과 함께라면 어디라도 좋았다. 빗속에서 간직했던 시들을 주고받았다. 슬픔을 조각내어 빗속으로 떠나보내야 할 것처럼 아픈 시어들에 젖었다. 졸 시 구절이 입속에 맴돈다.

비는 비에 머물고 // 비는 비를 재촉한다
비에 젖은 네 그림자 // 빗속으로 달아난다

떠나는 것을 가슴으로 알아가던 시절이었다. 하얀 교복 빛깔에 묻혀있던 시간. 친구 얼굴이 빗방울 속에 떠오르고 조잘대는 목소리가 들릴 것만 같다. 빗소리는 더 굵어지고, 과거를 열었던 우산의 수가 늘어난다.

나는 다시 빗길로 나선다.

어머니의 꽃불

어머니의 생이 캄캄하다. 벼랑끝에서 내 간절한 기도의 불꽃을 사른다. 어머니의 손끝에 켜던 기도의 꽃불, 한 번도 꺼지지 않은 빛이 사그라들 것 같다. 갇힌 숨을 꺼내려 손가락에 끼운 꽃불에 마음이 타들어 간다. 어린 날의 내 머리맡에서 열꽃을 같이 앓으시던 어머니. 새로 놓인 철길 따라 떠나실 듯 가쁜 숨을 쉰다.

죽은 이들이 침상 주위를 에워싼 것인가. 그들을 호명할 때마다 계기판의 숫자가 크게 흔들리며 격한 신호음을 낸다. 아버지가 검은 양복 차림으로 분홍 넥타이를 매고 침대 곁에 계신다고 눈길이 허공을 따라간다. 간혹 얼굴에 알 수 없는 미소가 어린다. 그만 아버지의 손을 잡고 싶으신가 보다.

*

갈꽃을 보며 학의천을 걸었다. 요양원에 어머니의 손을 놓고 와 외돌아진 마음에 징검돌을 건넌다. 어머니는 다리를 다쳐서 반 년을 요양원에 계셨다. 치매 환자와 같이 있는 병실이었다. 환자를 함부로 대하는 간병인들 모습에 식사를 거부하며 집으로 가길 원했다. 그 사이 몸무게가 20kg이 줄었다. 다시는 그곳에 모실 수가 없었다.

*

동생들과 상의 끝에 돌아가면서 어머니를 돌보기로 했다. 나는 아이들이 모두 성장했으니 수월한 편이지만, 아직 일터로 가는 남편과 아이들을 신경써야 하는 동생들은 이틀씩 분담하기가 어렵게 느껴지나보다. 오랜 병에 효자 없다는 말을 수정해야 한다고 남동생이 말했다. 각자의 방식으로 어머니를 만난다.

*

어머니의 정원에 놀러 간다. 어머니께 색채를 찾아드리고 싶었다. 그보다 뭔가 관심을 두었으면 하는 바람 때문이다. 동생이 비밀의 정원이라는 색칠공부를 준비했다. 색연필과 연필 깎기도 함께 가져왔다. 그림을 한참 들여다보며 색연필을 고르는 어머니의 진지한 모습에 마음이 놓인다. 몸이 아프지만 네가 좋아하니 그린다며, 몰입하신다. 그림 속에서 물고기의 눈도 새의 깃털도 표나게 색칠한다. 거기에 한 수 더 해서 스케치북을 내밀었다. 그리고 싶은 그림보다도 내 주문을 따르겠단다. 우리 가족과 새, 짐승들도 어머니의 상상으로 화면에 들어앉는다. 색칠에 몰입

하는 동안 청소도 하고 간식도 마련한다.

*

손끝을 모으는 기도 속에 모녀가 이마를 맞댄다. 주님께 드리는 묵주기도가 높낮이의 화음을 낸다. 온종일 기도로 열리는 창문이 닫혔고 딸의 이름을 기억에서 빠트린 날, 어머니는 미안하다고 여러 번 눈물을 글썽이셨다. 잘되라고 아명, 세례명, 본이름, 시 등단으로 바뀐 이름. 이렇게 많아진 이름 속에서 내 본이름을 잃으셨으니 황망하신 것이다. 불효다. 그래도 나를 놓지 말라고 어머니의 기억을 노크한다. 어머니의 정원에 비바람이 들어서 초록 잎이 떨어졌다.

*

어머니 마음을 아프게 한 적이 있다. 아이를 업고 친정에 갔을 때니까. 서른이 채 되지 않은 나이다. 어떤 이유에서였는지 청소년기에 왜 나만 아버지와 살게 했냐고 울면서 따지고 들었다. 내가 예상했던 건 내게만 관심을 두지 않았다는 좁은 소견이었던가. 내 손을 붙들고 그런 줄 몰랐다고 말 잘 듣는 네가 아버지 곁에 잠시 있어 주면 아버지가 외롭지 않을 것 같았다고 하시며 함께 우셨다. 눈물에 맺힌 응어리가 시원하게 쓸려나갔다. 나의 '내면 아이'와 화해를 했다.

*

어머니를 닮은 외형 말고 그 성품을 닮지 못했다. 환자의 집은 항상 단정하다. 동생들의 손길이 번갈아 다녀가는 덕택이기도 하지만 본래 정돈되고 깔끔하고 예쁜 것을 좋아해서 그 마음에 우리가 맞추려 노력하기 때문이다. 어머니는 인공관절 수술로 좌식 생활도 못 하게 된 지 오래다. 휠체어가 어머니의 발 노릇을 하게 되어 마음대로 할 수 없는 사정이다. 그래도 정 눈에 거슬리면 우리 손을 빌리신다.

*

우리가 기억하는 기분 좋은 것들.
기도하는 손이다. 손에 건 묵주 알이 쳇바퀴를 돌 듯이 몇 꾸러미가 되는지도 모를 장미 송이의 기도가 어머니의 가슴과 입을 통해 나온다. 아버지가 돌아가신 지 스물여덟 해다. 빈자리에 채워지는 기도는 자식뿐 아니라 이웃의 기도로 기도 지향 공책에 제목이 쌓인다. 자리에서 일어나면 기도를 먼저 하셨다. 얼굴에선 밝은 기운이 맴돌곤 했다.

*

어린 시절로 돌아가 보고 싶다.
골목을 헤치고 들려오는 목소리들이 그립다. 아침마다 두부 종소리를 듣는 게 좋았다. 함지에 이고 다니는 장사꾼 소리가 들리면 어머니는 고루 불러들였다. 포도 철이면 포도를 받아 빈 함지로 돌려보내고 아버지가 좋아하던 생선도 곧잘 덜어내게 했다. 산후풍에 걸려 3년을 고생하는 바람에 바깥 장을 못 본 이유도 한몫했다. 그래도 우리 집에 오는 머리 짐장사꾼도 어머니를 좋아해서 넉넉하게 덤을 주었던 것 같다. 그렇게 포도를 많이 산 날은 포도주로 담기도 했는데 여섯째 동생이 세 살 때 어른들이 먹인 포도주에 죽을 뻔하기도 했다.

*

요즘 어머니는 혼자 있는 게 무섭다고 한다.
그래서 어머니 집에 들어서면 창문부터 연다. 바람이 소통하듯 어머니의 닫힌 마음에 부드러운 봄바람을 불어넣고 싶다. 더위도 별로 타지 않는 어머니. 통통하게 살집이 좋던 모습이 사라졌다. 샤워기로 긴장되고 우울한 어머니의 몸을 닦아드린다. 내 얼굴을 씻기던 손을 뽀드득 소리 나게 닦는다. 물기를 찍어내고 로숀을 바르고 머리를 가다듬는다. 어머니의 뽀얀 살결이 드러난다.

*

엄마하고 나하고 노는 꽃밭에….
동요와 가요와 찬송가가 피어난다. 노곤한 듯 기운 없이 드러누울 찰나에 손뼉을 친다. 고향의 봄에서 살구나무 복숭아도 찾아낸다. 아빠하고 만든 꽃밭에 봉숭화, 채송화가 순서를 바꾼다. 아버지가 좋아하던 '먼 데서 오신 손님'은 가사를 열심히 붙여줘야 한다. 한바탕 노래를 하며 엄마의 기억을 복습한다. 그런데 나의 기억력에도 비상등이 켜진다. 엄마가

요즘 내게 초등학교 때 불렀던 노래를 가르쳐주었는데, 자주 가사를 잃어버리는 것이다.

*

꽃게장의 맛을 기억해야 해.
어머니가 만드신 꽃게장은 일품이었다. 아직 나는 어머니의 꽃게장과 비슷한 게장을 먹어본 적이 없다. 아버지가 유난히 좋아하신 어머니의 꽃게장 덕분에 우리 밥상에는 꽃게장이 자주 올랐다. 어머니의 손끝에서 만들어진 맛, 그런데 그 맛을 살려낸 사람이 우리 남매들 중에는 아무도 없다.

*

돌아온 길이 어느새 구부러져 잘 보이지 않는다. 여기까지 잘 버티셨으니 더 힘내세요. 어머니.

오랜 세월을 지나온 어머니, 그리고 그 길을 따라걷는 나.
어머니 곁에 내가, 내 곁에 어머니가 오래오래 계시기를 소망한다.

중립에 멈추다 보면

그와 함께 비껴간 길목마다 목이 멘다

자동차의 변속기어, 가속페달 밟기를 반복하는 길
번번이 출구엔 욕망이 고개를 쳐든다
서로의 비상등을 깜빡이며 속도를 주저앉힌다
안양천변을 따라 갈증으로 길은 주름지고
영등포공구상가를 배회하던 쇳가루들마저
갈색바람으로 체증을 부추긴다

수인囚人을 태운 버스가
좌회전으로 막 도로를 빠져나갈 때
침묵은 목을 빼고 차선을 끼어든다
말이 나오지 않는 차안으로 경적이 쳐들어오고
매연이 도로를 막는다
샛길을 허락하지 않는 성산대로에서
중립에 기어를 놓고 속도를 버린다

틈이 속도의 행간을 읽는다
경직된 신경 벨트가 느슨해지자
늘 안전을 매주던 손길의 행방은 길 밖으로 밀려있다
그가 비껴간 길 위
커피 한 잔 나눌 수 없었던 시간의 정체 속에서

그를 만난다

병목을 빠져나오면
덜덜거리는 속도에서 벗어난 시간들이
치열한 가속 페달을 밟겠지
유리창 너머
빗줄기보다 빠르게 스쳐가는 인연들

그늘이 앉는 방

먼지 낀 쪽마루에 마른 손바닥을 대자 그늘의 약도가 옮겨 온다. 미네르바의 선로를 달리던 밤의 본성으로 환승한다 쉴 새 없이 생각을 쏟아내던 스물 하나, 부엉이 발자국을 새기며 푸른 창가로 끌어당기던 별빛. 그 흐린 명왕성을 따라 위성이 뒤겠다는 너를 이해하지 못했다 명왕성이 행성에서 자리를 잃어버린 듯 너의 별빛도 하늘로 돌아가고 말았다. 팔 벌렸던 감색 옷을 황토벽에 걸어두고 빈방은 가부좌를 튼 채, 샛바람이 넘나들던 들창의 고리를 걸어 잠갔다 시린 내가 불꽃 지펴 아궁이 앞에 쪼그려 앉는다 너의 등이 돌아눕지 않고 거미줄에 갇혀버린 네 시가 연기에 콜록거린다 슬픔의 화산이 솟구쳐 화석이 되었다 오래 전 나의 행성이었던 너는 없고 기억을 잡고 있던 고리들이 헐겁다 어머니의 눈물에 벽이 조각조각 떨어지고 황토에 개어 바른 담에서 길은 돋아나지 않는다 어둠에 갇힌 시어에 너의 반짝이는 운석 하나쯤 보내오길, 오랜 꿈의 선로를 잇는다.

바람이 분다
응, 바람이 있었지
묵은 시간들은 서로를 붙들고 펄럭인다

삶의 미학적 의미와 詩的인 抒情의 조화

- 백승희 수필집 『시간의 소쿠리』를 중심으로

강 미 애 수필가

Ⅰ.

저자 백승희는 20006년 『수필문학』 5월호에 「겨울바다에서」로 천료하면서 문단에 등단했다. 이번 그의 수필집 『시간의 소쿠리』의 상재는 등단 후 13년 만의 결실이다. 저자는 등단 이전부터 문학강좌에서 기량을 닦아 왔고 등단 이후에는 문학지에 작품을 꾸준히 발표하는 등 창작활동을 이어오고 있다. 또한 운현수필의 회원으로서 왕성한 활동을 하고 있으며 현재는 운현수필의 회장으로서 막중한 책임을 맡고 있다. 이번에 묶은 수필집 『시간의 소쿠리』는 등단 이후 쓴 수필 46편을 모은 첫 수필집으로 시적詩的 서정수필의 세계를 격조 있게 보여준다.

저자는 한 가정의 안주인으로 빈틈없이 살림을 꾸려나가는 좋은 동반자이며 두 자녀의 훌륭한 어머니이다. 또한 자아 발전 실현을 위해서도 최선을 다하는 모습을 보여주고 있다. 타고난 성실함과 사람들 속에서 소리 없이 발휘하는 저력과 능력은 더욱 대단하다. 억센 듯 강건하면서도 풍부한 감성을 지니고 있어 섬세하고 다정하고 예의바르다. 그러나 감성을 헤프게 휘두르지 않고 다스릴 줄 알아 그가 쓰는 모든 작품에 반영되고 있다. 그래서 그의 글은 그의 성실한 삶, 구석구석을 잘 표출해 내고 있다. 공상이나 허황한 것이 아닌 진솔한, 어디까지나 자신의 체험을 통한 건전한 상상과 이미지로 삶의 안과 밖을 형상화하고 있는 것이다.

저자의 수필은 情의 세계이다. 어떤 사물이나 사건이든 그의 눈과 따뜻한 심성을 거치면 아름다운 향기와 빛으로 나타나게 하는 비법을 가지고 있다. 수필은 단순한 체험의 이야기가 아니다. 아무리 재미있고 독특한 체험의 이야기라도 그것이 형상화되어야 하고 형상화 되는 데는 정서가 좌우한다. 정서란 어떤 사물이나 사건을 대할 때 일어나는 감정, 분위기, 희로애락을 말한다. 그런데 흔히 보면 정서적인 표현과는 거리가 먼 논리나 자신이 알고 있는 정보와 지식을 늘어놓고 수필이라고 한다. 물론 수필에는 칼럼식의 에세이도 포함되지만 적어도 수필이 창작문학이 되기 위해서는 정서와 감동의 표현이 있어야 한다. 저자는 이러한 정서적 표현에 능하다. 그 정서적 표현은 부사와 형용사를 적당히 구사하여 비유법과 현행법現行法으로 자기 심경을 솔직히 표현하는 역량이 발휘되고 있는 것이다.

Ⅱ.

백승희의 수필집 『시간의 소쿠리』는 크게 세 주제로 나눌 수 있다.

첫째, 가족에 관한 글이다. 부모님과 남편, 자녀 그리고 자신의 형제들에 대한 배려와 따뜻한 인간애를 보여주는 작품 「고비 사막에서」「고통의 터널」「키 큰 남자와 키 작은 여자」「그리움으로 칼국수를 먹는 남자」「꽃이 되는 시간」「더듬거리는 달팽이처럼」「텅 빈 자리」 등을 통해 깊고 진한 사연을 보여주고 있다. 특히 동반자인 남편에 대한 각별한 사랑과 헌신의 마음이 작품 곳곳에 배어 있다.

둘째, 여행에 관한 글이다. 「언덕 위의 하룻밤」「빈집」「거제에서 수국을 만나다」「마당에 불 밝히고」「기억을 인화하다」「잘피 숲을 만나다」「외딴섬」 등 저자의 서정성과 예사롭지 않은 심안心眼을 확인할 수 있는 작품들이다.

셋째, 생활의 기록자로서 삶의 충실성을 보여주는 글이다. 「부족한 것을 채우며」「가장 슬픈 이름」「하얀 새 「홀로 간 길」「각질을 벗기다」「조알의 힘」「나무향기 찻집」「퀼트 조끼」 등 자신이 추구하는 가치와 인생관을 작품 속에 일관되게 담고 있으며 독자들에게 철학적 인생론을 나직이 전하고 있다.

저자의 작품의 특징은 주제나 소재보다는 그 구성과 표현에 있다. 구성이란 소설에서는 작가의 사실적 경험과 픽션을 어느 정도 배분하느냐는 의미로 쓰이지만 수필에서는 문장의 도입과 전개, 종결 등의 질서와 순서를 의미한다.

그의 작품은 주로 연역적 전개다. 처음부터 자연스러운 진행이며 문학성 제고의 픽션조차도 허용되지 않는다. 사실 그대로의 표현으로 안정감과 담담함을 보여주고 사물과 사건에 대한 깊은 통찰력과 사유를 통해 주제를 의미화하고 있다.

이러한 저자의 작품세계를 실제 작품을 통해 살펴보기로 한다.

어미는 사막의 열기를 온몸으로 버텨내느라 상처투성이다. 견딤의 흔적, 발바닥의 굳은살쯤은 아무것도 아니다. 귀에 바람 소리가 들리지 않아도, 몸뚱이에서 쓸 만한 것이 없어도 괜찮다. 그래도 괜찮다. 새끼들이 곁에 있으니….

낙타는 다시 고비 사막에서 싸우고 있다. 패혈증이다. 좀처럼 수그러들지 않는 고열. 꿈속에서 잃어버린 새끼를 찾아 헤매는 것 같다. 거친 모래폭풍의 한 가운데서 잃어버린 내 새끼. 큰 소리로 부르고 있나 보다. 두 손이 허공을 젓는다. 가슴 언저리에서 떠나보내지 못했던 새끼의 이름을 부르고 있다. 아, 어디 있니…. 서서히 숨결이 잦아들고 있다. 사막에서 놓친 새끼를 만났는지. 이제는 절대 손을 놓지 않겠다고 다짐하고 있나 보다.

-「고비 사막에서」에서

누구나 어머니를 생각하면 아프고 안타깝다.

바람이 발자국을 옮기는 사막의 시간은 어머니의 '견딤의 시간'이다. 삶이라는 사막을 횡단하는 동안 어머니는 첫배에 낳아 졸랑거리던 새끼 하나를 잃었다. 하지만 주저앉아 있을 수는 없다. 소리 내어 울 수도 없다. 남은 새끼들이 있고, 멀고 먼 거친 사막을 건너야 하기 때문이다. 마침내 견딤의 시간은 사막의 끝을 보여주었다. 지친 걸음도 이제 쉴 수 있게 된 것이다. 남은 새끼들과 이탈하지 않고 꿋꿋하게 바람의 길을 지나온 어머니.

그 어머니가 응급실에 실려 오셨다. 어머니는 사막을 건너고 있는 낙타다. 힘겹게 다시 삶의 사막을 건너고 있다. 순간에 맞닥뜨리는 모래폭풍, 어머니의 몸이 사막화가 되어가는 걸 저자는 미처 알지 못했다. 어머니 혼자 고비 사막을 넘으며 온몸으로 견뎌내는 것을 그저 지켜보았을 뿐이다. 후회와 안쓰러움으로 마음 졸이며 저자는 불효를 뼈저리게 느낀다.

왜 우리는 언제나 시간이 지나서야 후회하게 되는 걸까. 별을 지고 모래폭풍을 견디며 앞만 보고 넘어가는 길, 그 마지막 고비를 지금 어머니가 넘고 있다는 저자의 표현이 애잔하다.

불현듯 언니의 부재를 확인한다. 스무 살 무렵의 언니, 언니는 아침 일찍 일어나 세수를 하고 나면 언제나 화장을 했다. 고운 얼굴빛의 언니, 스물여덟의 시간이 멈추고 장의사에게 제 몸을 맡겨 얼굴을 매만지게 했다. '내일 병원으로 검진하러 가는 날' 언니가 쓰던 육아일기에 적힌 메모다. 아팠던 흔적들은 가계부 한쪽에 남아 있다. 병원과 약국을 오가던 내역이다. 걸어가면서 때로는 뛰어가지 않으면, 갑작스러운 이별의 그 날처럼 황망한 일을 겪는다. 패혈증, 손도 쓸 수 없다고 했다. 자정 무렵 집에 도착하기도 전에 병원에서 연락이 왔다. 언니는 지상에서 지워지고 있었다. 반쯤 감은 언니의 눈을 쓸어 감겼다. 손바닥에 채 마르지 않은 눈물이 닿았다. 나는 울지 못했다.

-「텅 빈 자리」에서

지난날 그리도 못 잊을 일들이 모두 눈을 감는다. 사랑하는 사람의 죽음은 무엇으로도 치유될 수 없다. 부모님과 형제들에게 이별의 인사도 못 한 채 훌쩍 떠나버린 스물여덟의 언니. 일찍 세상을 떠난 언니에 대한 그리움의 통증이 깊어 보인다.

일찍 돌아가신 아버지에 대한 기억도 그리움으로 가득하다.

내 아버지는 뇌졸중으로 한쪽 팔이 불편했다. 그런데도 아침이면 면도를 했다. 출근할 일이 없으니 하루쯤 수염이 자라게 두어도 괜찮은 듯한데, 언덕에 있는 이발소를 찾았다. 나이든 이발사가 면도칼을 잡는 곳. 편하게 몸을 기댈 수 있다는 믿음 때문이었을까. 그렇게 눈을 감고 있는 동안 지난날의 건강했던 날들을 되돌아보았을 것이다. 수염을 깎고 맑아진 얼굴로 집으로 돌아오시는 게 좋았다. 아버지는 몸이 불편해도 흐트러지는 모습을 보이지 않으려 애를 썼다. 우리에게도 당당하게 어깨를 펴라고 당부하셨다. 무례한 행동은 자존감을 버리는 것이니 남과 다투지 말라고도 했다.

출근할 때마다 아버지는 자기 점검을 했다. '가장 밝은 눈'을 가진 거울 앞에서 엄숙한 의식을 치렀다. 구두를 반짝거리게 닦고 세상의 문을 밀고 나가던 시간이었다. 아버지는 가족이라는 등짐으로 굳은살이 박였다. 저세상으로 가시면서 그제야 오그라들었던 손을 펴고 편하게 누우셨다

-「기적을 믿어라」에서

저자의 수필에는 부부의 정과 배려, 헌신의 마음을 느낄 수 있는 작품이 많다.

결혼은 한 뼘의 까치발만 들어서는 안 되는 일이었다. 절제와 겸손, 관용을 베풀어야 하는 성장의 의미였다. 생각의 품을 넓혀야 한다는 것을 깨닫는 동안 그 남자도 자유가 자유롭지 않았다. 벌판의 포식자들과 투쟁하며 제 발뒤꿈치를 내놓고 싸우는 투쟁의 시간이었다. 그를 이해할 무렵, 1막이 아

닌 막을 내려야 할 위기에 빠졌다. 그의 건강은 손쓰기에 너무 늦었다는 결말로 치달았다. 키 큰 남자가 다시 허리를 구부리게 되었다. 달갑지가 않았다. 그와 내가 하나가 되어 아팠다.

-「키 큰 남자와 키 작은 여자」에서

칼국수, 잘 못 끓이는데…. 싫다는 말을 흘리며 국수를 민다. 때마다 칭찬을 듣지 못하는 칼국수 얘기만 들어도 진땀이 난다. 어떤 날은 제시간을 넘겨 칼국수가 불어터지기도 하니까. 세월이 흐르면 입맛 대신 배려라는 생각 나무가 자라는가 보다. 시어머니의 손맛과 경쟁할 수는 없지만, 그 맛을 그리워하는 남편을 위해 주방을 어질러 놓기도 한다. 반죽에 애교도 섞고 신바람 나게 도마에 리듬을 섞는다.

"칼국수도 맛있고, 된장찌개도 잘 끓이고."

남편의 아부에 콧소리를 내며 기분이 좋아진다. 친정엄마의 손맛을 더듬고, 또 시어머님을 흉내 낸 지 30여 년이다. 시댁의 장맛이 씨 간장으로 이어오고 손윗동서가 쑤어 준 메주가 고향 냄새를 풍기고 있다. 마음의 경계를 허물고 남편은 내 음식 맛에, 나는 시어머니의 손맛에 다가가려 노력하며 거리를 좁혀간다.

-「그리움으로 칼국수를 먹는 남자」에서

그해 겨울은 유난히 춥고 눈이 많이 왔다. 남편은 아침마다 하던 테니스를 중단하고 약수터에 다녔다. 어느 날 함께 가자고 나를 깨웠다. 아직 날이 밝지 않아 한기로 으스스했다. 잠결에 입은 스웨터 올 올에 찬바람이 스몄지만 눈 쌓인 오솔길은 하얗게 밝고 아름다웠다. 산길은 먼저 다녀간 발자국으로 반질반질 미끄러웠다. 괜히 따라왔다고 투덜대자 등을 돌려댄다. 그에게 업혀 산길을 내려오는 동안 그의 등은 후끈 달아오르고 힘이 넘쳤다. 사그라질 것 같은 그의 깡마른 모습을 지우기라도 하듯 가끔 아름다웠던 약수터의 '산길'이 떠오른다.

남편은 꾸준히 운동하며 최선을 다했고 새 삶을 얻었다. 간혹 암 환자를 만나면 긍정적인 생활을 하는 남편을 보며 두려움을 느끼지 말라고 격려한다. 남편의 정기 검진 간격이 점점 뜸해지고 있다. 그의 꾸준한 운동량과 환한 미소가 오늘만 같기를.

-「옹벽」에서

한 가정은 작은 사회이다. 전혀 다른 사람을 만나, 서로 소통하고, 이해하고, 배려하고, 인내하고, 사랑하고 많은 걸 배우면서 나 또한 성장한다. 사람들은 역경을 이겨 낼수록 더 강해진다. 그런 점에서 결혼은 어른이 되어가는 과정인지도 모르겠다.

저자는 촛불 앞에서 사랑의 꽃말을 가진 아가위나무처럼 살겠다고 서약을 했다. 그리고 40여년의 결혼생활을 헌신과 사랑으로 성실히 이어왔다. 그리고 지난했던 긴 세월이 지나서야 깨닫는다. 제 몸을 태워야 주변을 밝힐 수 있는 촛불의 은유가 어떤 의미였는지를.

여행과 관련된 작품들도 눈여겨볼만하다.

초여름의 거제는 푸른 수국이 지천이었다. 남쪽 바다를 닮은 푸른 꽃. 하늘, 물빛, 꽃이 어우러지는 거제에서 문학 행사가 열렸다. 시문학 문우들의 문학기행과 새내기 시인들의 등단 식을 겸하는 행사다. 시인으로서 첫인사를 하는 날인데 자리에 앉기도 전에 가슴이 울렁거린다. 마음을 진정시키러 밖으로 나갔다. 거제의 푸른 바다가 눈앞에 가득하다. 눈을 감았다. 바다 냄새, 바람 냄새…. 심호흡을 크게 했다. 잘 할 수 있을 거야.

-「거제에서 수국을 만나다」에서

출렁이는 바다를 짚으며 배가 귀항하는 환청을 듣는다. 오방색 깃발이 들쭉날쭉 포구 언저리로 다가선다. 십 리 밖에 귀를 열어둔 식구들은 낯익은 깃대가 펄럭이자 뱃전에서 손을 흔든다. 소란한 마중으로 섬은 들썩인다. 먼 바다로 나가 온몸에 소금 꽃이 피며 만선을 꿈꾸던 나날, 가장의 억센 팔에 어린 것을 안고 하루의 닻을 내린다.

-「잘피 숲을 만나다」에서

마곡사란 이정표가 발길을 붙잡았다. 낮의 더위도 바람결에 한풀 꺾이고 검표원도 자리를 떠난 해거름이었다. 때마침 긴 여운을 남기는 종소리가 산사에 울려 퍼졌다. 법복의 무게에 실린 저녁 종소리, 먼지에 젖은 하루가 녹아내렸다. 나는 순화되어가는 정제의 시간에 서 있었다.

-「기억을 인화하다」에서

자연스레 손을 잡기도 하고 어깨동무도 하며 한마음이 되어갔다. 차가운 밤공기에 녹아드는 우리들의 노래는 이야기로 바뀌어 계속되었다. 모닥불처럼 타오르는 우정으로 차가운 밤공기에도 두꺼운 옷을 가져다 입고 자리를 지켰다. 잿불 속에 묻혔던 옥수수와 고구마도 김을 내며 구수한 냄새를 풍겼다. 우리는 한밤을 만끽하고 있었다.

우정을 새롭게 다지던 모닥불이 잦아들었다. 목청을 가다듬는 풀벌레 소리를 자장가 삼아 하나둘 잠자리로 들어갔다. 남은 사람 몇몇이 물을 부어 불씨를 재웠다. 매캐한 냄새도 새벽안개에 묻혀갔다.

-「마당에 불 밝히고」에서

함께 하는 삶은 요란하지도 않고 특별할 것도 없다. 일상에서 보이는 사물들은 살아 숨 쉬며 시간의 체취를 지니고 있고, 그와 더불어 살아가는 사람들의 정서와 감정을 나누며 살아가는 것이 삶이라고 저자는 조용하고 가식 없이 전해준다.

그 외 눈길을 끄는 작품으로는 「첫사랑을 위하여」「세월을 잇다」「마음 속 유화 한 점」「부족한 것을 채우며」「라우리안」「하얀새」 등이 있다.

「첫사랑을 위하여」는 학창시절 시집을 선물해 주었던 영어과외 선생님에 관한 회상의 글이다. 바람결에라도 선생님의 안부를 묻고 싶었지만 저자는 결혼을 하고 아이를 낳고, 그렇게 세월에 묻혀 선생님 잊었다. 그러다 문득 먼지 낀 책꽂이에서 하이네의 시집을 찾아냈다. 부끄러워 직접 전하지 못했던 녹색 스웨터를 놓고 온 하숙집, 그리고 까마득한 기억 속의 단어와 문장들이 파도처럼 밀려온다. 저자에게 문학은 첫사랑이다. 첫사랑 같은 시, 첫사랑 같은 수필. 한 사람의 운명을 바꾸는 것은 거대 담론이 아니다. 울림이다. 작은 떨림이다.

「세월을 잇다」는 어머니가 물려주신 싱거미싱에 관한 글이다. 저자의 어머니가 애장한 때부터 60여 년의 세월을 살아낸 재봉틀. 외조부와 외조모의 숨결을 느끼기를 바라며, 이제는 딸에게 물려주려고 한다. 오늘을 사는 우리 모두는 과거의 시간들과 멀리 있는 마음으로 가득 차 있다. 소중한 것을 잃고 있는 것은 아닌지 가끔은 뒤돌아봐야 하지 않을까. 글 속에 담긴 의미가 깊다.

「마음 속 유화 한 점」은 저자의 유년시절 부친이 운영하는 공장에서 일하던 광석이 아저씨와의 추억에 관한 내용이다. 어린 저자는 휘발유 냄새로 메슥거리는 속을 참으며 창고 안을 자꾸만 들여다본다. 일이 끝난 아저씨 자전거 뒤에 타고 골목길을 내달릴 수 있기 때문이다. 성실한 광석이 아저씨는 비인 바닷가로 장가를 갔다. 자전거를 태워주던 아저씨가 앨범 속에서 멋쩍은 웃음을 웃고 있다. 추억은 마음 속 유화 한 점처럼 오래도록 각인된다.

「부족한 것을 채우며」는 성서모임에 참여하는 교우들과의 가족애에 관한 내용이다. 저자가 속한 이 모임은 구역의 어르신을 위해 관심을 갖고, 청소년들과 아이들을 위한 프로그램을 만드는 등 활발한 공동체를 이끌어가고 있다. 저자의 가치관이 잘 드러나는 작품이다.

「라우리안」은 문화예술공간에 대한 글이다. 문화살롱 라우리안은 인문학, 음악, 미술을 통해 인생을 고민하며 담론을 나누는 공간이다. 저자는 이곳에서 한 달에 한두 번 독서모임을 하고 있다. 인문학 강의를 하기도 하고 영화 감상의 시간을 갖기도 한다. 시낭송이 있을 때는 삽화처럼 그려놓는 언어의 유희에 빠져든다. 오늘도 나는 영혼을 튜닝하며 라우리안 샘물을 긷는다는 마지막 문장은 지적知的이며 감명 깊다.

Ⅲ.

이상 살펴본 바와 같이 백승희의 수필은 진솔함은 물론 그 세계가 넓고 깊이가 있다. 인간의 삶의 가치는 얼마나 편하게 살았느냐가 아니라 얼마나 많은 경험을 하고 그것을 극복했느냐가 중요하다.

우리들의 삶은 그 불완전성 때문에 근원적 괴로움과 본질적 고통이 있기 마련이다. 그러나 우리들 삶의 고단함에는 그러한 근원적이고 본질적인 것만 있는 것이 아니다. 사회 속에서, 사람과 사람 사이에서 부대끼며 얻게 되는 괴로움과 아픔 또한 우리들의 삶의 모습이다. 그러한 괴로움이 근원적인 것이건 사회적인 것이건 간에 글을 쓰는 사람들은 그러한 아픔을 더 예민하게 받아들일 수밖에 없다.

그런 점에서 문학은 교시성과 감동의 글이어야 한다. 지적 긴장과 철학이 있어야 하고 언어의 미적 쾌락이 있어야 한다. 아무리 심오한 지식이나 철학성, 교육성, 서정성이 있어도 재미가 없으면 읽혀지지 않는다.

소설은 픽션을 통해 재미를 구사하고 시는, 언어 자체의 매력으로도 재미를 느끼게 하지만 수필은 저자의 진솔한 체험의 고백을 통해 친근감과 인간미를 느끼게 해야 한다. 그래서 수필은 체험의 고백이다. 체험은 우리가 지나온 삶의 흔적이다. 그 지난했던 삶의 흔적을 오늘에 되살려 정서화하고 생명을 불어넣어 재생시키는 것이다.

저자의 글은 어디서부터 읽어도 자연스럽게 풀려 나간다. 그의 깊은 사색과 독서력에서 나오는 결과라 하겠다.

저자의 작의作意가 오래 계속되기를 바라는 마음 간절하다.

내 근원은 빛을 켜는 시간으로부터 진화했다.

백승희 에세이

시간의 소쿠리

백승희 에세이

시간의 소쿠리

초판 발행 | 2018년 11월 10일

발행인 | 강석호
발행처 | 도서출판 敎音社

01437 서울 종로구 삼일대로 457 수운회관 1308호
TEL | (02)737-7081, 739-7879(Fax)
E-mail | gyoeum@daum.net
등록 | 제300-2007-52호

ISBN 978-89-7814-744-6 03810

이 도서의 국립중앙도서관 출판서지목록(CIP)은 서지정보유통시스템 홈페이지(http://seoji.nl.go.kr/index.do)와 국가자료공동목록시스템(http://www.nl.go.kr/kolisnet)에서 이용하실 수 있습니다.(CIP제어번호:CIP2018034605)

값12,000원

잘못 만들어진 책은 교환해 드립니다.